Lydia Brownback

Zufriedenheit

Andachten für Frauen

Lydia Brownback

Zufriedenheit

Andachten für Frauen

Brownback, Lydia
Zufriedenheit
Andachten für Frauen

Titel des amerikanischen Originals: *Contentment*

www.cv-dillenburg.de
Übersetzung: Anke Hillebrenner, Brake
Umschlaggestaltung: Christoph Ziegeler
www.pixelkraft.de
Satz: CV Dillenburg
Druck: CPI Moravia Books, Pohorelice

Printed in Czech Republik

Inhalt

Einleitung

»Wenn du alles haben kannst, dann gib dich nicht mit weniger zufrieden« – gemäß diesem Lebensmotto verzehren wir uns auf der Suche nach Leben, Freiheit und Glück. Unser Handeln wird von dem Wunsch bestimmt, diesen Traum in unser Leben hineinzutransportieren. Aber genau dadurch geraten wir in Schwierigkeiten, denn so vieles von dem, was wir gerne hätten, bleibt doch unerreichbar. Wir können es vielleicht gerade noch berühren, doch wir bekommen es nicht zu fassen. Und wenn wir manchmal tatsächlich etwas davon in Händen halten können, dann macht es uns nicht glücklicher. Denn es gibt ja immer noch etwas, was wir nicht haben. Und schon geht es weiter mit der Jagd nach der nächsten Sache. »Das wird mich endlich glücklich machen«, argumentieren wir. Diesen Satz sagen wir uns jedes Mal, denn es gibt ja jedes Mal nur noch das eine, das Begehrenswerte, das wir unbedingt noch haben oder erreichen müssen.

Unsere Unzufriedenheit entspringt nicht einem tatsächlich vorhandenen Mangel. Sie entspringt unserem Verlangen nach Dingen, die wir zu entbehren meinen. Wir sehnen uns nach Liebe, Schönheit und Behaglichkeit. Wir wünschen uns Unabhängigkeit und ein harmonisches Umfeld. Unablässig pflegen wir unser Selbstwertgefühl und wiegen uns im Rhythmus eines geschickt ausbalancierten Lebensstils – ein bisschen hiervon, ein wenig davon, aber bitte nicht zu viel von beidem. Innerlich sind wir in Wahrheit unglücklich, weil wir bereits entsprechende Erwartungen haben und in einer Gesellschaft leben, die leidenschaftliche Verfechterin solcher Werte wie Autonomie und Wohlstand ist und die Ansprüche und Rechte des Einzelnen sehr hoch hängt.

Wir wollen einfach nicht akzeptieren, dass uns Wohlstand nicht glücklich machen wird und die Vorstellung von persönlicher Unabhängigkeit trotz aller Rechte, die wir vielleicht haben mögen, letztlich eine Illusion bleibt. Bedenken Sie einmal, wie wir uns verhalten, wenn ein Sturm losbricht und der Strom plötzlich ausfällt. Mit einem Mal können wir uns nicht mehr die Haare föhnen, das Fertiggericht in der Mikrowelle aufwärmen oder durch die verschiedenen Fernsehsender zappen. Wo steht dann unser Stimmungsbarometer? Den Menschen dagegen, die in weniger technisierten Ländern mit wenig persönlichen Rechten und ohne jeglichen Wohlstand leben, macht ein Stromausfall nicht sonderlich zu schaffen, hauptsächlich deshalb, weil sie meistens ohne Elektrizität auskommen müssen. Sie ärgern sich nicht über unfrisiertes Haar. Sie sitzen nicht gelangweilt herum, wenn der Fernseher seinen Dienst versagt. Und sie freuen sich über das bisschen Essen, das sie haben, ohne sich den Kopf über zu hohen Fructoseanteil oder den Kaloriengehalt zu zerbrechen.

Wohlstand ist keine Garantie für Zufriedenheit, aber ebenso wenig müssen widrige Umstände zwingend ein Hindernis auf dem Weg zum Glück sein. Glauben wir das wirklich? Meistens zweifeln wir in Wahrheit daran, wenn wir mit unfreiwilliger Ehelosigkeit, einer unglücklichen Ehe, Unfruchtbarkeit, finanziellen Schwierigkeiten, zerstörten Beziehungen, einer lebensbedrohlichen Krankheit oder mit Ablehnung zu kämpfen haben. Angesichts solcher Umstände können wir uns keine andere Gemütslage als die Niedergeschlagenheit denken. Aber haben wir eine Alternative? Ja, wir haben tatsächlich eine Alternative. Wir können trotzdem glücklich sein – nicht unbedingt so, wie die Welt es uns vorlebt, aber so, wie die Bibel es uns beschreibt. Es kommt allein darauf an, worauf wir unser Leben ausrichten. Sind es nur die guten Zeiten – selbst wenn Gott es ist, der sie uns schenkt –, so werden wir niemals tiefe Zufriedenheit erleben. Denn immerhin ist unser Dasein hier auf der Erde stärker von Zeiten der Dürre, des Wartens und des Mangels geprägt als von Zeiten voller Ruhe, Frieden und Leichtigkeit.

Glück und Zufriedenheit stehen und fallen mit unserer Blickrichtung und unserem Glauben, nicht mit unserem Besitz. Wenn wir unser eigenes Leben reflektieren, sortieren wir die Begriffe »Glück« und »Zufriedenheit« automatisch in unterschiedliche Kategorien ein. »Glück« steht an der Spitze unserer gedanklichen Hierarchie. Glück – so denken wir – ist der Gipfel des Erstrebenswerten. Wenn unsere Träume wahr werden und alles im Leben so läuft, wie wir es uns vorstellen, dann reden wir von Glück. »Zufriedenheit« dagegen rangiert in unseren Köpfen eher an zweiter Stelle. Wir halten sie für das emotionale Trostpflaster, an dem wir uns genügen lassen müssen, wenn uns das Glück eben nicht hold ist. »Ich bin nicht wirklich glücklich über die Umstände, aber ich gebe mich vorerst damit zufrieden.« In Wirklichkeit handelt es sich jedoch bei »Zufriedenheit« und »Glück« um Synonyme, wenn man die Begriffe nach biblischem Maßstab füllt und sein Leben daran orientiert.

Genau das werden wir tun, wenn wir uns nun gemeinsam durch Gottes Wort arbeiten. Dabei entdecken wir, dass »Zufriedenheit« und »Glück« seinem Willen für unser Leben entsprechen – auch in schweren Zeiten. Echte Zufriedenheit ist für uns jederzeit greifbar nah.

Leben im Tal

»Für alles gibt es eine (bestimmte) Stunde. Und für jedes Vorhaben unter dem Himmel (gibt es) eine Zeit. ... Zeit fürs Abbrechen und Zeit fürs Bauen; Zeit fürs Weinen und Zeit fürs Lachen; Zeit fürs Klagen und Zeit fürs Tanzen; Zeit fürs Steinewerfen und Zeit fürs Steinesammeln; Zeit fürs Umarmen und Zeit fürs sich Fernhalten vom Umarmen; Zeit fürs Suchen und Zeit fürs Verlieren; ... Zeit fürs Lieben und Zeit fürs Hassen; Zeit für Krieg und Zeit für Frieden.«

Prediger 3,1-8

Lachen und weinen, lieben und verlieren, arbeiten und spielen – solche Kontraste spiegeln den Lauf der Dinge wider. Die meisten Menschen werden dann und wann einer dieser Situationen – möglicherweise auch wiederholt – begegnet sein. Immerhin sind sie den Menschen durch die Jahrhunderte und Epochen hindurch von Gott so verordnet. Doch jedes Mal, wenn wir gerade einen dieser Prozesse durchlaufen, liegt uns alles andere als ein zuversichtliches Lied auf den Lippen. Wir nehmen den Kampf gegen das Weinen, Klagen, Steinewerfen und Verlieren auf, indem wir krampfhaft versuchen, unseren Anker im Lachen, im Tanzen, im Umarmen und im Frieden zu werfen.

Diese Kämpfe sind natürlich äußerst menschlich. Jeder von uns zieht die Berggipfel den Tälern vor. Aber Gott, der in unserem Leben solche Zeiten souverän zulässt und auch ihren Anfang und ihr Ende bestimmt, ist auch der Geber der Zufriedenheit in *jeder* Lebenslage. Zufriedenheit kann unser Herz sowohl auf den Berggipfeln als auch in den Tälern erfüllen. Wie können wir weinen, verlieren oder klagen, wenn wir zufrieden sind? Das eine schließt das andere scheinbar aus. In der Tat ist unsere Zufriedenheit gefährdet, wenn sie davon abhängt, ob uns die Flucht aus dem Tal gelingt oder nicht. Denn wir selbst haben keinerlei Einfluss auf den Anfang und das Ende der Krisenzeiten, die Gott uns durchleben lässt.

Zufriedenheit beginnt, wo unser Kampf gegen die Durchwanderung des Tals endet. Gott selbst ist derjenige, der uns in die Täler unseres Lebens führt, und er führt uns auch wieder hinaus – zu seiner Zeit. Gott schickt solche Talwanderungen zu unserem Nutzen; aus welchem Grund sollte er, der gute und freundliche Gott, sie sonst zulassen? Das Vertrauen auf Gott auch in schweren Zeiten ist der Weg zur Zufriedenheit – nicht nur das Vertrauen, dass er uns herausführen wird, sondern das Vertrauen auf seine Güte und Barmherzigkeit mitten in der Härte der Situation. Wenn wir ihm das Vertrauen in schweren Zeiten nicht entgegenbringen, so mangelt es uns daran auch in den guten Tagen. Vor einigen Jahren erlebte eine meiner Freundinnen eine finanzielle Hochphase und kaufte sich ein wunderschönes Haus. Aber sie war nicht in der Lage, ihr neues Zuhause zu genießen, sondern meinte: »Das Leben zeigt sich mir gegenüber so freundlich, doch ich weiß, dass dies nicht von Dauer sein wird. Ich warte ständig darauf, das mich das Damoklesschwert trifft, das über mir schwebt.«

Ist das auch unser Lebensstil? Klammern wir uns krampfhaft an die Gipfel aus Angst, ins Tal abzurutschen? Auf diese Weise werden wir nirgendwo glücklich sein. Wenn wir dagegen Gott unser Vertrauen schenken, unabhängig davon, wo wir uns gerade befinden, werden wir sowohl in günstigen als auch in schwierigen Lebenslagen Zufriedenheit erleben. Auch die schweren Zeiten werden wir mit Frieden im Herzen durchleben können, weil wir wissen, dass unser guter himmlischer Vater sie unter Kontrolle hat. Und die guten Zeiten werden wir ohne die Angst genießen können, weil unser Glück nicht davon abhängt, ob sie fortdauern. Es liegt in der Natur der Sache, dass gute Zeiten kommen und gehen. Aber Zufriedenheit sollte eine Konstante im Leben der Kinder Gottes sein.

Kann das Sünde sein?

»Und Josua sagte: Ach, Herr, HERR! Wozu hast du denn dieses Volk über den Jordan geführt, um uns (doch) in die Hand der Amoriter zu geben, damit sie uns vernichten? O hätten wir uns doch entschlossen, jenseits des Jordan zu bleiben!«
Josua 7,7

Eigentlich wusste Josua es besser. Er wusste, dass Gott die Israeliten in das Verheißene Land geführt hatte, um sie zu segnen, nicht um sie zu zerstören. Aber er war frustriert, denn das Volk Israel hatte soeben eine Schlacht gegen die Amoriter verloren, die es spielend hätte gewinnen können. Was bezweckte Gott damit?

Wir kennen solche Situationen aus eigener Erfahrung, und wenn wir sie gerade durchleben, macht uns Gottes Vorgehen oft sprachlos. Wir achten peinlichst darauf, Gottes Wege nicht zu verlassen, und wir vertrauen auf seine Verheißungen, doch trotzdem läuft alles irgendwie aus dem Ruder. Mitten in seiner Verzweiflung bereute Josua die Glaubensschritte, die er zuvor gewagt hatte. Wie einfach war doch sein Leben vorher gewesen! In diesem Moment sind all die Beschwernisse des Wüstenlebens jenseits des Jordans plötzlich vergessen. Sein Vertrauen in Gottes Treue und seine Freude über das Verheißene Land gehen mit einer einzigen Niederlage über Bord.

Auch unsere Zufriedenheit verfliegt ähnlich schnell, wenn sich unsere Lebensumstände anders entwickeln, als wir es uns wünschen. Schlagartig sehnen wir uns nach alten Zeiten zurück, die vielleicht auch nicht perfekt waren, in denen der Druck auf uns nicht so groß war.

Für Josua bot das Verheißene Land gegenüber der Wüstenlandschaft sicherlich mehr Annehmlichkeiten, doch in der Wüste trug wenigstens jemand anders – Mose – die Verantwortung. Nun führte Josua das Volk Israel an, und die Niederlage gegen die Amoriter lastete schwer auf seinen Schultern. Aber Gott verfolgte ein Ziel mit diesem Schicksalsschlag, und statt Josua in seinem Selbstmitleid baden zu lassen, antwortete er auf dessen Schreien: *»Steh auf! Warum liegst du denn auf deinem Angesicht? Israel hat sich versündigt. ... Gebanntes ist in deiner Mitte, Israel. Du wirst vor deinen Feinden nicht bestehen können, bis ihr das Gebannte aus eurer Mitte weggetan habt«* (Jos 7,10.13). Ohne dass Josua es wusste, hatte ein Israelit namens Achan die ausdrückliche Anweisung Gottes missachtet, die gesamte Kriegsbeute, *»das Gebannte«*, zu vernichten. Achan hatte einige Wertgegenstände für sich behalten, und diese Heimlichkeit hatte verheerende Folgen für die gesamte israelitische Armee.

Könnte es sich bei unseren gegenwärtigen Problemen etwa um eine Folge von Sünde handeln? Wenn das der Fall sein sollte, müssten wir gar keine großen Anstrengungen unternehmen, um der Sache auf den Grund zu gehen. Wir müssen uns gar nicht in endlosen Spekulationen darüber verlieren, wo wir uns möglicherweise versündigt haben könnten. Gott ist jederzeit bereit, uns mit unserer Sünde zu konfrontieren. Vielmehr sind wir selbst manchmal diejenigen, die sie nicht sehen oder sich schön reden wollen. »Ich kämpfe halt schon lange gegen diese schlechte Gewohnheit an, aber es ist ja auch bloß eine Kleinigkeit. Was sollte das mit meinen Schwierigkeiten zu tun haben?« Gott verlangt von uns keine Detektivarbeit. Er möchte nur, dass wir gehorsam sind. Sollte es eine Verbindung zwischen unserem Handeln und unserer Situation geben, wird Gott sie uns schon zeigen, so wie er sie auch Josua gezeigt hat. Vielleicht gibt es einen Zusammenhang zwischen einer nicht bekannten Schuld und unserem Problem, vielleicht aber auch nicht. Es geht nicht darum, zuerst den Zusammenhang herauszufinden und dann gehorsam zu sein – es geht lediglich darum, zu gehorchen. Wir haben nicht das Recht, inneren Frieden und Gottes Segnungen in unserem Leben zu erwarten, wenn wir Sünde auf die leichte Schulter nehmen.

Hadern Sie zur Zeit mit Ihren Lebensumständen? Gott hat seinen Grund, Sie diesen Weg zu führen. Vielleicht ist das seine Art, um Sie auf Sünde aufmerksam zu machen. Anstatt sich nach alten, unbeschwerteren Zeiten zurückzusehnen, wenden Sie sich an Gott und lassen Sie ihn Ihr Herz erforschen. Gerne wird er die verborgene Schuld in Ihrem Leben aufdecken, die Sie schon so lange mit sich herumtragen. So verfuhr er auch mit Josua, und Josua merzte das Böse unverzüglich aus. Infolge seines konsequenten Handelns erlebte das gesamte Volk Israel den Sieg über die Amoriter.

Heute – nicht morgen oder gestern

»Und das hergelaufene (Volk), das in ihrer Mitte war, gierte voller Begierde, und auch die Söhne Irsael weinten wieder und sagten: Wer wird uns Fleisch zu essen geben? Wir denken an die Fische, die wir in Ägypten umsonst aßen, an die Gurken und an die Melonen und an den Lauch und an die Zwiebeln und an den Knoblauch; und nun ist unsere Kehle vertrocknet; gar nichts ist da, nur auf das Manna (sehen) unsere Augen.«
4. Mose 11,4-6

Ein unstillbares Verlangen – wir alle kennen ein solches Gefühl. Die unverheiratete Frau, die von der Ehe träumt; die verheiratete Frau, die sich nach einem Baby sehnt; die arbeitslose Angestellte, die sich eine neue Arbeitsstelle wünscht. Viele Dinge, die wir uns herbeisehnen, sind an sich gut, und deshalb ist auch unser Verlangen als solches nicht verwerflich. Aber wenn wir unsere ganze Aufmerksamkeit nur unseren unerfüllten Wünschen und ungestillten Bedürfnissen widmen, wird es für uns zum Problem. Ein bloßer Wunsch bekommt zwanghafte Züge – und wird am Ende zur Begierde, die uns jede Zufriedenheit raubt.

Wir beginnen, mit Gott zu hadern. Warum um alles in der Welt lässt er ein solch starkes Verlangen in uns entstehen, nur um es am Ende nicht zu stillen? Wie kann ein liebender Gott so etwas tun? Es gibt viele gute Gründe, warum ein liebender Gott so handelt, und er handelt immer zu unserem Besten! Er gibt uns nicht nur die Kraft, um diesen Prozess durchzustehen, sondern er zeigt uns auch, dass es sich lohnt, sich ganz auf ihn zu verlassen und das zu genießen, was er für uns bereithält. Er sorgt für die alleinstehende Frau, indem er ihr gute Freunde, echte Beziehungen und sinnvolle Aufgaben schenkt. Er sorgt für die kinderlose Frau, indem er ihr Gelegenheiten schenkt, anderen wie eine Mutter zu dienen. Und er sorgt für die arbeitslose Frau, indem er ihr oftmals auf wundersame Weise Mittel und Wege schenkt, ihren Lebensunterhalt zu bestreiten. In Bereichen unseres Lebens, in denen wir mit unerfüllten Wünschen leben, kann Gott sich uns als der Allgenügsame offenbaren.

Weil diese Tatsache absolut verlässlich ist, kommt unsere Unzufriedenheit nicht daher, dass wir bestimmte Dinge vermissen. Die Quelle unserer Unzufriedenheit ist vielmehr das übergroße Verlangen nach bestimmten Dingen, das uns blind macht für mögliche Alternativen oder andere Wege. Tiefe Zufriedenheit stellt sich erst dann ein, wenn wir lernen, uns in Gottes Zeitplan zu fügen und ihm zuzutrauen, dass sein Versorgen in schwierigen Umständen genügt, bis er etwas anderes für uns bereithält.

Das Jagen nach unseren Wünschen verdreht unsere Perspektive und fixiert sie nicht nur auf die Gegenwart, sondern auch auf die Vergangenheit. Inmitten ihrer Mangelfantasien erinnerten sich die Israeliten an den Fisch, den sie in Ägypten »umsonst« gegessen hatten –

und der sie in Wirklichkeit alles kostete. Sie hatten den Fisch als Sklaven der Ägypter gegessen, als Sklaven, die menschenunwürdig behandelt wurden.

»Vielleicht hätte ich mich doch lieber für Tom entscheiden sollen«, sinnierte Anna, als sich ihre Ehe mit Ben als Enttäuschung herausstellte. Dabei hatte sie ganz vergessen, dass sie sich Tom als Ehepartner nicht hatte vorstellen können, weil sie an ihm die Leidenschaft für Christus vermisste. Alleinstehend oder verheiratet, reich oder arm – wenn wir uns an den Dingen festbeißen, die wir nicht haben, vernebelt das unser Gedächtnis und vergoldet den Blick in die Vergangenheit.

Der übertriebene Fokus auf unsere unerfüllten Wünsche raubt uns die Freude an dem, was Gott uns jetzt und heute schenken möchte. Die Israeliten hatten Manna im Überfluss – eine schmackhafte Mahlzeit direkt vom Himmel. Gleichwohl konnten sie es kein bisschen mehr genießen. Wenn unsere Gedanken nur um das kreisen, was uns der morgige Tag wohl hoffentlich bringen wird, so hemmt das unsere Freude am Genuss des Moments. Das Leben setzt sich aus Momenten der Gegenwart zusammen, nicht aus Eventualitäten der Zukunft. Was hält das Heute für uns bereit? Was auch immer das sein mag – eine gute Freundin, eine Umarmung, ein frisch gebackenes Brötchen, Sonnenschein, ein Anruf von Zuhause – all das kann uns mit Freude erfüllen, weil es Gottes Gabe an uns ist, an der wir uns erfrischen sollen. Zufriedenheit heißt, sich an den kleinen Dingen freuen zu können.

Die gute alte Zeit

»Sage nicht: Wie kommt es, dass die früheren Tage besser waren als diese? Denn nicht aus Weisheit fragst du danach.«
Prediger 7,10

»Früher war das Leben so schön und leicht! Was ist nur daraus geworden?« Wenn der Druck der Umstände zunimmt, wird in uns die Erinnerung an die gute alte Zeit wach. Wir sehnen uns nach der Leichtigkeit des Lebens. Die Probleme, die wir früher hatten, ließen sich viel besser bewerkstelligen als die, mit denen wir heute zu kämpfen haben. Das ist die Lüge, die sich Nostalgie nennt. Sie greift nach unseren Erinnerungen und taucht sie in sanfte, rosige Farben. So vergessen wir, dass wir vieles Vergangene aus guten Gründen hinter uns gelassen haben.

Gleichwohl kann man die Augen nicht davor verschließen, dass die guten alten Tage für einige von uns in der Tat besser waren – die Zeiten, bevor wir krank wurden, bevor wir unser Kind, unseren Arbeitsplatz, unseren Ehepartner verloren. Wir klagen wie Naomi: *»Der Allmächtige hat mir sehr bitteres Leid zugefügt. Voll bin ich gegangen, und leer hat mich der HERR zurückkehren lassen«* (Rt 1,20-21). Der Wunsch, die Zeiten zurückzuholen, in denen unser Leben reibungslos funktionierte, liegt oft nahe. Wir würden alles dafür tun, um die Uhr zurückdrehen zu können. Aber unabhängig davon, wie lieb uns unsere Erinnerungen sind und ob sie der Realität entsprechen oder nicht, können wir nicht zurück. Jeder, der diesen Versuch einmal unternommen hat, weiß, dass es nicht möglich ist. Gleichwohl stehen wir nicht ohne Perspektive da. Wir haben Möglichkeiten, der Realität zu begegnen. Darauf macht uns das Buch Prediger aufmerksam. Zwar mag es uns nicht gelingen, die Umstände zu beeinflussen, aber wir können unser Denken bezüglich der Umstände verändern.

Der Prediger weist uns darauf hin, dass das ständige gedankliche Vergleichen zwischen jetzt und früher eine unweise Option ist. Ungerechterweise ist die Vergangenheit dabei ganz klar im Vorteil, da unsere Erinnerung den Hang zum Selektiven hat. Hinzu kommt, dass es sich dabei in Wahrheit um eine Art gedanklicher Nörgelei handelt. Es ist gut, sich schönen Erinnerungen hinzugeben, aber es ist schädlich, sich an diese Erinnerungen zu hängen und sich dann zu beklagen. Denn Letzteres entspringt einer Herzenshaltung, die auch Naomi hatte – *»der Allmächtige hat mir sehr bitteres Leid zugefügt.«*

Aber haben wir noch eine andere Option. Wir können aufschauen, statt hinter uns zu blicken; entscheiden wir uns dafür, sehen wir Hoffnung. Sie liegt immer vor uns, niemals hinter uns. Naomi hat diese Hoffnung gefunden. Ihr Weg dahin begann mit der Rückkehr zu ihrem Volk, dem Volk des Herrn. Seine Segnungen und sein Versorgen in schweren Zeiten finden wir immer in der Gemeinschaft mit den Seinen. Dort sehen wir, wie seine Hand am Werk ist und er sich zeigt.

Manchmal ist die Beziehung zu Gottes Kindern aus irgendeinem Grund gestört; jedoch ist auch in solchen

Situationen die Verbindung zu Gott selbst noch vorhanden. Wir haben sein Wort vor Augen und seinen Geist innewohnend, und beides zusammen bewirkt in uns die Erkenntnis Gottes mitten in unserer schwierigen Lage.

Wenn wir auf Gott schauen und sein Wesen betrachten – inmitten seines Volkes, in seinem Wort und durch seinen Geist –, werden wir erkennen, dass die Gegenwart besser ist als die Vergangenheit. Sie ist genau deshalb besser, weil Gott uns in die jeweilige Situation hineingeführt hat. Und Gott, der uns bis hierher geleitet hat, ist gut und freundlich und – nicht zu vergessen – verfolgt immer einen Plan mit seinem Handeln. Alles, was er in unserem Leben tut und der Weg, den er uns führt, ist geprägt von seiner vorrangigen Absicht, die er mit uns verfolgt: ihn besser kennenzulernen.

Zufriedenheit liegt nicht hinter der nächsten Ecke. Ebenso wenig fiebert sie uns inmitten der Herausforderungen des heutigen Tages entgegen. Aber sie ist auch nicht mit dem Gestern untergegangen. Zufriedenheit finden wir bei Gott, und Gott ist mit uns im Heute.

Ich kann nicht ... und ich werde auch nicht!

»Da bestellte Gott, der Herr, einen Rizinus und ließ ihn über Jona emporwachsen, damit Schatten über seinem Kopf sei, ihn von seinem Missmut zu befreien. Und Jona freute sich über den Rizinus mit großer Freude. Aber Gott bestellte am folgenden Tag einen Wurm, beim Aufgang der Morgenröte; der stach den Rizinus, so dass er verdorrte. Und es geschah, als die Sonne aufging, da bestellte Gott einen sengenden Ostwind, und die Sonne stach Jona auf den Kopf, so dass er ermattet niedersank. Und er wünschte, dass seine Seele stürbe, und sagte: Es ist besser, dass ich sterbe, als dass ich lebe! Und Gott sprach zu Jona: Ist es recht, dass du wegen des Rizinus' zornig bist? Und er sagte: Mit Recht bin ich zornig bis zum Tod!«

Jona 4,6-9

Kara wünscht sich das Ende ihres Tages genauso wenig herbei, wie Jona bereit war, unter seinem Rizinus hervorzukommen. Ihre Kollegen beenden jeden Tag um kurz vor fünf emsig damit, den Computer herunterzufahren und ihre Sachen zusammenzupacken. Sie können es kaum erwarten, endlich nach Hause zu gehen oder etwas zu unternehmen. Aber Kara hat niemanden, der zu Hause auf sie wartet, und wenn sie den Arbeitstag hinter sich gebracht hat, ist sie meistens zu müde, um eine Freundin anzurufen und sich mit ihr zu verabreden. Als Letzte verlässt sie das Büro und steuert unschlüssig auf ihre Wohnung zu, wo sie sich dann irgendetwas zu Essen macht und sich vor dem Fernseher niederlässt. Zwar bietet das Fernsehprogramm nichts als wertlose Unterhaltung ohne Niveau, doch immerhin sind die inhaltsleeren Stunden bis zum Zubettgehen irgendwie gefüllt.

Vor einiger Zeit meldete sich jedoch ihr Gewissen inmitten ihres abendlichen Routineprogramms. Vieles, was sich ihren Augen dort auf dem Bildschirm bietet, widerspricht ganz eindeutig den Worten des Paulus: *»Alles was ehrbar ... was rein ... ist, das erwägt!«* (Phil 4,8). Also lässt Kara einige Tage lang den Fernseher abgeschaltet, nimmt sich ein paar gute Bücher zur Hand und liest, anstatt fernzusehen. Doch die Stille, die in ihrer Wohnung herrscht, erdrückt sie förmlich und lässt das Gefühl von Einsamkeit in ihr nur noch stärker hochkommen. »Ich halte es einfach nicht aus!« Weinend findet sie sich auf dem Sofa wieder – mit der Fernbedienung in der Hand.

Eine Situation wie diese hatte es in Karas Leben schon oft gegeben. Sie hatte mehrfach versucht, auf die Last, die der Heilige Geist auf ihr Gewissen gelegt hatte, zu reagieren und ihre Gewohnheiten zu ändern. Aber jedes Mal, wenn die Einsamkeit sie mit unerträglicher Wucht übermannte, gab sie wieder völlig frustriert auf. Manchmal verschwand dann auch irgendwann dieses quälende Bewusstsein, etwas Falsches zu tun. Aber es gab noch etwas anderes, was verschwand. Heute fühlt sich Kara unendlich weit entfernt von Gott, und es wird immer schwieriger für sie, in ihm einen Freund inmitten ihrer Einsamkeit zu entdecken.

Der Heilige Geist legt auf diese Art und Weise immer mal wieder seinen Finger auf Dinge in unserem Leben und besteht darauf, dass wir sie ändern. Wenn er sich jedoch einen sehr sensiblen Bereich herauspickt, sagen wir: »Herr, du kannst zu diesem Zeitpunkt unmöglich von mir verlangen, dass ich mich damit befasse! Vielleicht später, wenn die Voraussetzungen besser sind ...« Aber Gott mit einem »nein« abzuspeisen, ist Dummheit, nicht nur, weil er das Recht hat, sofortigen Gehorsam einzufordern, sondern weil er das einzig wirksame Mittel gegen unsere Unzufriedenheit hat. Er weiß, dass die Dinge, an die wir uns aus Sehnsucht nach Zufriedenheit klammern, uns in Wahrheit aller Segnungen berauben. Wir schneiden uns selbst jede Möglichkeit der Hilfeleistung ab und wenden uns stattdessen unseren selbstgezimmerten und bemitleidenswerten Problemlösungsstrategien zu.

Karas Weigerung, ihre Gewohnheiten zu ändern, ist letztlich ein Ausdruck der Verbitterung ihres Herzens, auch wenn es ihr selbst noch nicht bewusst ist. Sie ist wütend auf Gott, weil sie einsam ist. Und nun ist Gott auch noch so ungerecht und will sie ihres elektronischen Trösters berauben! Kara meint, einen Anspruch auf ihre abendliche Routinebeschäftigung zu haben, weil Gott ihr keine Gemeinschaft mit anderen Menschen schenkt. Aber ihr Denken läuft genau in die falsche Richtung. Ihre gewohnheitsmäßige Freizeitbeschäftigung, an der sie so krampfhaft festhält, verstärkt in Wirklichkeit genau den Umstand, den sie loszuwerden versucht: ihre Einsamkeit.

Gott möchte uns von unseren Strategien befreien, die wir zur scheinbaren Lösung unserer Problembereiche entwickelt haben, weil er nur zu gut weiß, dass sie in eine

Sackgasse führen. Wir müssen den Schritt aus diesem Kreislauf heraus wagen und zum Gehorsam gegenüber Gott zurückkehren, auch wenn wir den Sinn noch nicht verstehen und das Ziel noch nicht erkennen können. Nur so werden wir Frieden finden und Heilung für unsere Verletzungen – das, wonach wir uns in Wahrheit sehnen.

Mein Anteil

»Einer aus der Volksmenge aber sprach zu ihm: Lehrer, sage meinem Bruder, dass er das Erbe mit mir teile.«
Lukas 12,13

»Je größer der Nachlass, desto größer das Zerwürfnis« – leider zu oft wird dieser Satz traurige Wahrheit. Statt in gemeinsamer Trauer über den Verlust eines geliebten Elternteils zusammenzuhalten, opfern die Geschwister oft ihre familiären Bindungen, um sich noch den Mahagonitisch, das handbemalte Porzellanservice und den kostbaren Perlenschmuck unter den Nagel zu reißen. Am traurigsten ist die Tatsache, dass solche Auseinandersetzungen auch in christlichen Familien an der Tagesordnung sind.

»Wir haben nur das blaue Geschirr bekommen, obwohl jeder weiß, dass das rote viel mehr wert ist.«

»Sie hat die Uhr und die Kristallkaraffen bekommen, und für mich bleibt nur dieser alte Ölschinken übrig.«

»Ich verlange ja gar nichts; ich möchte nur meinen Anteil haben.«

In manchen Erbauseinandersetzungen – vielleicht ja auch in Ihrer – wurde der Nachlass nicht gerecht aufgeteilt, und die Schwester erhielt die meisten Wertgegenstände. Oder möglicherweise haben Sie eine weitaus bescheidenere Gehaltserhöhung erhalten als der Ihnen in der Firmenhierarchie untergeordnete Kollege. Oder Sie mussten zusehen, wie ein absoluter Neuling den Vorstandsposten bekam, auf den Sie schon Monate lang hingefiebert und für den Sie auch hart gearbeitet haben. In solchen Fällen könnten wir sicherlich reagieren wie der Mann aus der Volksmenge. Er bat Jesus um Hilfe. *»Lehrer, sage meinem Bruder, dass er das Erbe mit mir teile.«*

Wir könnten so beten: »Herr, bitte verändere das Herz meiner Schwester, damit sie erkennt, wie ungerecht die Sache ist.« Aber wir werden die gleiche Antwort erhalten, wie Jesus sie auch diesem Mann gab: *»Mensch, wer hat mich als Richter oder (Erb)teiler über euch eingesetzt?«* Und er wandte sich zu denen, die es mitangehört hatten und sagte zu ihnen: *»Seht zu und hütet euch vor aller Habsucht! Denn (auch) wenn jemand Überfluss hat, besteht sein Leben nicht aus seiner Habe.«*

Zunächst rückte Jesus die falschen Erwartungen bezüglich seiner Person und seiner Aufgabe zurecht (V. 14). Er tat es damals, und er tut es auch heute. Wir werden niemals zur Zufriedenheit in Christus durchdringen, wenn wir in ihm nur den göttlichen Schiedsrichter sehen, ungeachtet dessen, wie ungerecht gegen uns verfahren oder wie übel uns mitgespielt wurde. Sein Werk in unserem Leben besteht nicht darin, uns den größtmöglichen Profit zu sichern, selbst dann nicht, wenn wir ihn zu Recht beanspruchen könnten. Vielmehr stellt sich tiefe Zufriedenheit erst dann ein, wenn wir den Verlust materieller Güter, die uns eigentlich zustehen würden, bereitwillig und freien Herzens akzeptieren.

Zweitens entlarvt Jesus den Geist der Begehrlichkeit, der unseren Gebeten für das, was uns vermeintlich zusteht, zugrunde liegt. Den Kampf um Materielles sollten wir stets meiden, denn diese Art des Kampfes ist Sünde. Doch Jesus tut weit mehr, als lediglich seinen Finger auf das Problem der Sünde in diesem Zusammenhang zu legen; er hält ein Gegengift bereit, indem er unser Denken wieder mit Frieden füllt. Wir werden niemals echte Zufriedenheit erleben – Freiheit vom nagenden Gefühl der Ungerechtigkeit uns gegenüber –, dadurch dass wir in den Genuss von Dingen kommen, auf die wir einen Anspruch haben. Das werden wir selbst entdecken, wenn wir unsere Rechte an diesen Dingen bewusst loslassen.

Um jeden Preis?

»Und es geschah nach diesen Ereignissen: Nabot, der Jesreeliter, hatte einen Weinberg, der in Jesreel war, (und zwar gleich) neben dem Palast Ahabs, des Königs von Samaria. Und Ahab redete zu Nabot und sagte: Gib mir deinen Weinberg! Er soll mein Gemüsegarten werden, denn er ist nahe bei meinem Haus. Ich gebe dir dafür einen besseren Weinberg als den (hier). (Oder) wenn es besser ist in deinen Augen, gebe ich dir Geld als Kaufpreis für ihn. Aber Nabot sagte zu Ahab: Das lasse der Herr fern von mir sein, dass ich dir das Erbe meiner Väter gebe! Da ging Ahab in sein Haus, missmutig und wütend über das Wort, das der Jesreeliter Nabot zu ihm geredet hatte, dass er gesagt hatte: Ich gebe dir das Erbe meiner Väter nicht. Und er legte sich auf sein Bett und wandte sein Gesicht ab und aß nichts.«

1. Könige 21,1-4

Macht, Ansehen und Geld – hat man genug von jedem dieser drei, so gestaltet sich das Leben in mancher Hinsicht leichter. Aber jedes dieser drei hat auch seine Tücken. Als König von Israel verfügte Ahab über den größten Reichtum im ganzen Land. Und trotz all seiner unbegrenzten finanziellen Möglichkeiten konnte er nicht alles besitzen, was er gerne wollte. Er hatte ein Auge auf den Garten seines Nachbarn geworfen, und als seine

Anfrage zurückgewiesen wurde, fiel er in eine Depression. Doch der wahre Grund seines Selbstmitleids war nicht die Tatsache, dass er das Land nicht bekam. Es war vielmehr der Umstand, dass ihm jemand im Weg stand, der ihm die Stirn bot.

Einer der Gründe, weshalb wir alles daran setzen, mehr Geld, Macht und Ansehen zu erlangen, ist der Wunsch, das zu bekommen, was wir begehren, und das zu meiden, was wir verabscheuen.

»In unserem Wohngebiet verändern sich die sozialen Verhältnisse zum Negativen. Lass uns lieber in eine andere Gegend ziehen.«

»Ich weiß, dass du nicht gerne Geld ausgibst, um auswärts Essen zu gehen, aber mir macht es Spaß. Wenn du mich begleitest, bezahle ich auch die Rechnung.«

»Wie kann sie es wagen, in diesem Ton mit mir zu reden? Ich sitze schon länger in diesem Ausschuss als sie!«

In seiner Funktion als König hätte Ahab Nabots Land gewaltsam an sich bringen können. Doch Ahab nutzte seine Stellung gegenüber Nabot nicht aus. Eigentlich machte er ihm sogar ein großzügiges Angebot als Gegenleistung für den Weinberg. Jedoch war dieser Schachzug scheinbarer Großzügigkeit nur die polierte Fassade, hinter der sich ein forderndes, egozentrisches Herz verbarg. Sind wir wie Ahab? Wir sind wie Ahab, wenn wir frustriert und wütend sind, weil wir trotz Aufbietens sämtlicher Reserven an Zeit, Anstrengung, Geld und Wortgewandtheit unser Problem nicht lösen konnten oder nicht das bekamen, was wir uns erhofft hatten. Wir sind wie Ahab, wenn wir uns die Freude an allem anderen rauben lassen, nur weil wir eine bestimmte Sache nicht bekommen haben:

die alleinstehende Frau, die sich so sehnlichst einen Ehemann wünscht, dass sie ihre Freundinnen, ihren Beruf, ihr Zuhause und ihre Gemeinde nicht mehr zu schätzen weiß. Die Ehefrau, die nicht mehr in ihre Ehe investiert, weil sich einfach keine Schwangerschaft einstellt. Die begabte Bibellehrerin, die ihre Gaben nicht mehr einsetzen möchte, weil sie sie nicht auf der Kanzel ausüben kann.

Wie reagieren wir, wenn wir etwas, das wir mit aller Kraft anstreben, trotz aller erdenklichen Anstrengung nicht bekommen? Wir können es wie Ahab um jeden Preis erzwingen. Mittelfristig gelangte er in den Besitz des Weinberges, jedoch nur indem er eine Verschwörung anzettelte und Nabot umbringen ließ. Wir können auch eine Menge Dinge an uns bringen, indem wir Gottes Wege verlassen. Aber alles, was wir auf falschem Wege ergattern, stürzt uns nur noch tiefer ins Unglück. Es gibt jedoch eine weitaus bessere Lösung: Wir können loslassen. Ist es nicht am Ende die beste Entscheidung, auf etwas zu verzichten, wenn Gott nicht der Geber ist? Weil ihm alle Güter dieser Welt auf Abruf zur Verfügung stehen, kann er uns sehr wohl mit allem ausstatten, was wir uns wünschen, wenn er es für richtig hält. Sind wir bereit loszulassen und die Angelegenheit in seine Hände zu legen? Wenn wir uns für das Loslassen entscheiden, werden wir die Erfahrung machen, dass man sowohl mit erfüllten als auch mit unerfüllten Herzenswünschen tiefe Zufriedenheit erleben kann.

Von Herzenswünschen und Kamelen

»Ich aber – fast wären meine Füße ausgeglitten, beinahe hätten gewankt meine Schritte. Denn ich beneidete die Übermütigen, als ich das Wohlergehen der Gottlosen sah.«
Psalm 73,2-3

Eine glückliche Ehe, drei gesunde Kinder, unbegrenzte finanzielle Möglichkeiten, ein großes und wunderschönes Haus, das man noch nicht einmal selbst putzen muss – so stellen sich die meisten Frauen ein perfektes, traumhaftes Leben vor. Auf Lara, eine Bekannte von mir, trifft diese Beschreibung exakt zu. Sie hat ausreichend Geld und Zeit zur Verfügung, um ihren Neigungen in verschiedensten Freizeitaktivitäten nachzugehen und sich mit all ihrer Kreativität bei der Dekoration ihres Hauses zu verwirklichen. Eine Gesellschaft zu unterhalten, gelingt ihr mit Leichtigkeit, egal ob es sich dabei um ihre Freundinnen oder um die Geschäftsfreunde ihres Mannes handelt. Wenn es um fantasievolle Aktivitäten mit ihren Kindern geht, so tut sie auch das mit ganzer Hingabe. Lara ist ein Mensch, der unaufhörlich Neid in mir aufsteigen lässt. *Weiß sie eigentlich, wie gut sie es hat?* muss ich unweigerlich denken, wenn sie mal wieder von Problemen mit ihrem

Haus, mit ihren Freizeitaktivitäten oder ihren pubertierenden Töchtern erzählt.

Lara selbst ist es gar nicht bewusst, dass Gott sie ständig als Werkzeug in meinem Leben gebraucht. In den wenigen Monaten, in denen ich sie nun kenne, habe ich gemerkt, dass auch sie nicht alles besitzt. Eigentlich besitzt sie sogar recht wenig, denn sie kennt den Herrn nicht. Trotz all ihres familiären und finanziellen Wohlstands ist sie innerlich leer, weshalb es auch ein ernstzunehmendes Problem für sie darstellt, das richtige Abschlussballkleid für ihre Tochter zu finden. Ihr gesamtes Selbstvertrauen hängt ganz davon ab, wie sie ihre kleine, aus Äußerlichkeiten bestehende Welt im Griff hat und ihre Familie zusammenhält. Genau das schafft sie natürlich nicht, und deshalb ist Lara in Wahrheit unglücklich – traumhafte Lebensumstände hin oder her. Zwar lebe ich weder in einem feudalen Haus noch in materiellem Überfluss wie Lara, aber ich kenne den Herrn. Er ist mein, und ich bin sein. Realistisch betrachtet, besitze ich alles, und Lara besitzt wenig.

Asaph, der Verfasser des 73. Psalms, verspürte auch Neid angesichts der Tatsache, dass es den Gottlosen äußerlich so gut ging. Und in vielerlei Hinsicht mag das vordergründig auch stimmen. Aus der Perspektive der Ewigkeit ist irdischer Reichtum aber nicht unbedingt ein Segen. Je mehr wir besitzen, desto eher wiegen wir uns in Selbstgenügsamkeit und gefühlter Unabhängigkeit. Die Reichen auf dieser Welt mögen zwar rein äußerlich ein bequemes Leben mit allen erdenklichen Annehmlichkeiten führen, doch wenn Gott nicht ihre Herzen und ihren Verstand regiert, so besitzen sie in Wahrheit gar nichts.

Oftmals müssen Christen mit materiellen Entbehrungen leben, weil sie durch Mangelerfahrungen gezwungen sind, sich an Gott zu wenden und seiner Fürsorge zu vertrauen. Mangel erzeugt Nähe zu Gott, wie Reichtum und Überfluss es selten zu tun vermögen. Jesus sagt uns in Matthäus 19,23-24: »*Wahrlich, wahrlich, ich sage euch: Schwer wird ein Reicher in das Reich der Himmel hineinkommen. Wiederum aber sage ich euch: Es ist leichter, dass ein Kamel durch ein Nadelöhr geht, als dass ein Reicher in das Reich Gottes hineinkommt.*«

»*Er, der doch seinen eigenen Sohn nicht verschont, sondern ihn für uns alle dahin gegeben hat: wie wird er uns mit ihm nicht auch alles schenken?*« (Röm 8,32). Können wir nicht zufrieden sein, wenn dieses »alles« auch einmal heißt, uns etwas vorzuenthalten? Für ein Gotteskind enthält Entbehrung immer Fürsorge seines himmlischen Vaters. Und wir können sie dann freudig aus seiner Hand nehmen, wenn wir wissen, dass er uns liebt, obwohl – ja gerade weil – er uns den Überfluss vorenthält.

Zufriedenheit ist eine Willensentscheidung

»Der Wandel sei ohne Geldliebe; begnügt euch mit dem, was vorhanden ist! Denn er hat gesagt: ›Ich will dich nicht aufgeben und dich nicht verlassen.‹«
Hebräer 13,5

Sind Sie mit dem zufrieden, was Sie haben – mit der Tatsache, dass Sie leben, mit Ihren familiären Verhältnissen, mit Ihrer Einkommenssituation, mit Ihrem Zuhause? Die meisten von uns müssten wahrscheinlich zugeben, dass es Zeiten gibt, in denen wir mit den von Gott gegebenen Verhältnissen in unserem Leben hadern. Eine kleine Veränderung hier, eine Prise Optimum dort, und wir wären zufrieden. Doch während wir beständig damit beschäftigt sind, unser Leben zu perfektionieren, merken wir, wie plötzlich immer neue Faktoren auftauchen, die auch irgendwie einsortiert werden wollen. Also optimieren wir tapfer weiter und wenden unsere gesamte Energie dafür auf, weil wir denken, unser persönliches Glück hänge davon ab, dass wir alles im Griff haben. Doch Zufriedenheit ist nicht das Ergebnis von Veränderung missliebiger Faktoren in unserem Leben. So sagt es uns der Schreiber des Hebräerbriefes.

In seinen Worten finden wir den Schlüssel zur Zufriedenheit trotz unerfüllter Sehnsüchte unseres Herzens. Wir können mit unserem Leben so, wie es ist, zufrieden sein, weil Gott uns seine Gegenwart zugesagt hat. Unser eigentliches Problem ist nicht, dass wir dringend bräuchten, was wir nicht haben; unser eigentliches Problem ist, dass Gott unserem Herzen nicht genügt. Viele von uns können es sich nicht vorstellen, dass Gott uns in unserem Mangel begegnen und ihn völlig ausfüllen kann. Zwar verschließen wir uns dem Gedanken daran nicht grundsätzlich, doch ist uns schleierhaft, wie es in der Praxis funktionieren soll.

Es kann sein, dass wir eine falsche Vorstellung von der Art und Weise haben, wie Gott unsere Bedürfnisse stillt. Er kommt nicht zu uns in der Rolle einer Ersatzbefriedigung für die Dinge oder die Beziehungen, nach denen wir uns sehnen. Er kommt zu uns anstelle dieser Dinge und beschenkt uns mit etwas viel Besserem. Der wirkliche Grund, warum unser Herz mit den Worten aus Hebräer 13,5 nicht mitgehen kann, ist, dass es an die Sehnsucht nach den Dingen dieser Welt gebunden ist. Wenn wir doch unseren Blick von ihnen abwenden würden, dann hätten wir wieder Augen für die Segnungen Gottes, mit denen er unsere innere Leere füllen will: Freude, Frieden, Wegweisung, Liebe, Sicherheit und Gemeinschaft mit ihm durch den Heiligen Geist. Wenn wir diese Segnungen erst einmal geschmeckt haben, so wird die Vorstellung von einem »Trostpreis« augenblicklich aus unserem Kopf verschwinden. Sie werden uns mehr bedeuten und uns vollkommener erfüllen als jede irdische Beziehung oder materielle Annehmlichkeit.

Diese Erfahrung werden wir dann machen können, wenn wir darauf achten, dass uns die Angebote und Verlockungen dieser Welt nicht gefangen nehmen. Wir dürfen und sollen die materiellen Dinge genießen, die Gott uns gibt, aber wir sollten unser Herz nicht daran hängen. Nicht die materiellen Dinge als solche sind unser Problem, sondern die Liebe zu ihnen und die Sehnsucht, sie zu besitzen.

Es fehlt uns nichts zu unserer Zufriedenheit, was wir nicht hier und heute schon besäßen. Und weil die Bibel es uns so lehrt, muss es wahr sein. Die Entscheidung liegt also bei uns.

Nirgendwo ist es so schön wie zu Hause

»Durch Glauben war Abraham, als er gerufen wurde, gehorsam, auszuziehen an den Ort, den er zum Erbteil empfangen sollte; und er zog aus, ohne zu wissen, wohin er komme.«
Hebräer 11,8

In einem Monat kann man ein Haus bauen; aber ein Zuhause entsteht erst nach vielen Jahren. Deshalb verbinden wir mit unserem Zuhause viel mehr als nur den Ort, an dem wir wohnen. Das Zuhause setzt sich zusammen aus lieben Menschen, Alltag, Vertrautheit und Rückzugsmöglichkeit. Zu Hause sind wir richtig, so wie wir sind. Zuhause bedeutet Zugehörigkeit. Das Zuhause ist der von Gott verordnete Hafen in der Betriebsamkeit unseres irdischen Daseins. Je tiefer wir dort verwurzelt sind, desto mehr Spuren hinterlässt es in unserer Persönlichkeit. Früher oder später kommen wir allerdings an einen Punkt, an dem es Zeit ist, unser Zuhause zu verlassen, und oftmals erkennen wir erst dann, wie tief unsere Seelen mit diesem Ort verwoben sind. Junge Erwachsene gehen ins Studium, Berufstätige müssen einen Ortswechsel hinnehmen, und Missionare starten aufs Missionsfeld. Egal, wie heiß ersehnt und aufregend dieser neue Abschnitt sein mag: Ein solcher Schritt führt immer auch durch Traurigkeit.

Gleichwohl ist das, was wir unser Zuhause nennen, auch immer Veränderungen unterworfen. Manchmal sind nicht wir es, die es verlassen, sondern das Zuhause verlässt uns. Mein Elternhaus beispielsweise war ab dem Tag nicht mehr das, was es einmal war, als sich mein Bruder verlobte und bald darauf heiraten wollte. Zwar freute ich mich über die Aussicht, eine Schwägerin zu bekommen, und ich war auch sehr einverstanden mit der Wahl, die er getroffen hatte, doch mischte sich trotzdem eine große Portion Traurigkeit in meine Vorfreude. Mein Bruder verließ im wahrsten Sinne unser Zuhause, um ein neues, selbstständiges Leben zu beginnen. »Jede Veränderung – und mag sie noch so positiv sein – bedeutet Verlust«, lehrte meine Mutter mich bei dieser Gelegenheit. Über die Jahre hinweg habe ich begriffen, wie viel Wahrheit in diesen Worten lag.

Wenn wir diejenigen sind, die fortgehen, stellen wir fest, dass die erste Begeisterung über den neuen Lebensabschnitt schnell nachlässt. Und wenn die Abenteuerlust erst schwindet, kommt langsam das Heimweh. Wir vermissen unsere Familie und unsere Freunde. Wir vermissen unsere Gemeinde, das Vertraute, die bedingungslose Akzeptanz. Die Angst, unser wahres Ich zu offenbaren, bevor die Menschen uns gut genug kennen, paart sich mit dem Gefühl der Einsamkeit. Unsere Abhängigkeit vom Navigationsgerät selbst für die kürzesten Wege macht uns bewusst, dass wir Fremde sind. Für Menschen, die ihr Zuhause häufiger verlassen und sich auf neue Freunde, eine neue Gemeinde und neue Nachbarn einlassen müssen, wiegt der Neubeginn jedes Mal wie eine zentnerschwere Last.

Für mich war der Auszug aus meinem gut funktionierenden und heilen Zuhause eine der schwierigsten Erfahrungen in meinem Leben. Das Heimweh war fast nicht auszuhalten. Wo gehörte ich hin? Wohin führte mein Weg? Zu wem gehörte ich? Machte es überhaupt irgend jemandem etwas aus, ob ich nun da war oder nicht? Ich war mir noch nicht einmal mehr sicher, wer ich eigentlich war. Aber Gott brachte mir in dieser Zeit eine sehr wichtige Lektion bei, eine Lektion über sein Volk, über Sie und mich. Unser Zuhause ist nicht unsere eigentliche Identität. Und all das, was es uns auch bedeuten mag, ist nicht die wahre Quelle unserer Geborgenheit und Sicherheit. Echte Zufriedenheit werden wir auch in einem intakten Zuhause nicht finden, denn das, was diesen Ort letztendlich ausmacht, unterliegt einem ständigen Wandel. Immer mal wieder geht jemand fort – entweder wir oder jemand anderes. Unser Arbeitgeber wird von einem anderen Konzern aufgekauft, und unsere Arbeitsbedingungen werden plötzlich äußerst unangenehm. Unsere Gemeinde spaltet sich aufgrund moralischer Verfehlungen unseres Pastors. Ein Zuhause ist viel zerbrechlicher als wir wahrhaben wollen.

Zwar habe ich diese Lektion damals gelernt, aber trotzdem fehlte mir das Gefühl von Vertrautheit an diesem fremden Ort – und das Heimweh blieb. Ich hinterfragte meine Entscheidung, so weit weg von zu Hause leben zu wollen. Hatte ich den richtigen Weg gewählt? Zwar ließ es sich hier auch leben, aber ich vermisste meine Familie, meine Gemeinde und die mir vertrauten Umgangsformen. In dieser Zeit kam mir zu Ohren, dass ein befreundeter Pastor das Angebot erhielt, die Leitung einer Gemeinde in seinem Heimatort zu übernehmen. Er diente seinerzeit als Gemeindepastor in einer Stadt, die sehr weit von dort entfernt lag. Trotz der großen Entfernung zu seiner Heimat fühlte sich dieser Mann zum lebenslangen Dienst in seiner aktuellen Gemeinde berufen. Ich fragte mich also, wie er mit dieser Anfrage wohl umgehen mochte, denn die Aussicht auf eine mögliche Rückkehr zu seinen heimatlichen Wurzeln stellte doch sicherlich eine große Versuchung dar. Als ich ihn darauf ansprach, gab er zu, dass das Angebot für ihn und seine Frau sehr reizvoll gewesen war, aber er entgegnete mir: »Wir nehmen das Angebot nicht an, weil es in diesem Leben nicht darum geht, nach Hause zurückzukehren.«

Seine Aussage ist der Schlüssel zur Zufriedenheit an den abgelegensten Orten. Zufriedenheit stellt sich erst dann ein, wenn wir begreifen, dass unser Zuhause mehr von der Frage bestimmt wird, wohin wir gehen, als von der Frage, wo wir herkommen. Mehr als die leibliche Familie gibt die Familie Gottes diesem Ort seine Bedeutung. Das heißt nicht, dass wir hier und jetzt ohne die Segnungen eines Zuhauses auskommen müssten. Gottes Verheißung steht: *»Ein Vater der Waisen und ein Richter der Witwen ist Gott in seiner heiligen Wohnung«* (Ps 68,6).

An jedem beliebigen Ort können wir uns glücklich schätzen, ein wirkliches Zuhause zu haben, denn unsere Heimat ist genau dort, wo Gott uns hingestellt hat. In Wahrheit ist Heimat noch mehr als das – Christus ist unsere Heimat, der uns mit Gott, unserem Vater, versöhnt hat. Nur hier finden wir echte Zufriedenheit, denn es ist *das* Zuhause, das wir niemals werden verlassen müssen.

Das glückliche Gesicht der Hanna

»Und die Frau ging ihres Weges und aß und hatte nicht mehr ein (so trauriges) Gesicht.«
1. Samuel 1,18b

Hanna hatte einen Ehemann, Elkana, der sie liebte, doch ein unerfüllter Wunsch quälte ihr Herz: ein Kind. Und dieser Wunsch war derart übermächtig, dass Hanna nicht mehr imstande war, ihre Ehe und all die anderen göttlichen Segnungen zu genießen. Die zweite Frau ihres Mannes, Pennina, streute zudem noch fortwährend Salz in Hannas Wunden. Elkana liebte Hanna zwar mehr als Pennina, aber Pennina gebar ihm Kinder, und diese Tatsache hielt sie Hanna täglich unter die Nase.

Vielleicht können Sie Hannas Schmerz nachfühlen. Es gibt so viele Frauen, die aus unterschiedlichen Gründen mit einem unerfüllten Kinderwunsch leben müssen. Wenn auch Sie zu diesen Frauen gehören, dann wissen Sie, wie qualvoll dieser Schmerz ist. Er kann einen im Zweifel so stark lähmen, dass die Ehe Schaden leidet und ein produktiver Alltag gar nicht mehr möglich ist. Man steht da und sieht, wie alles um einen herum zerbricht, ohne etwas dagegen unternehmen zu können.

Hanna wusste auch nicht, was sie tun sollte, und ihr Mann ebenso wenig. Die Intensität ihres Herzenswunsches schmerzte Elkana sehr, so dass er sie fragte: *»Hanna, warum weinst du? Und warum isst du nicht? Und warum ist dein Herz so betrübt? Bin ich dir nicht mehr wert als zehn Söhne?«* (V. 8). Die Bibel sagt uns, dass diese Situation in Hannas Leben *»Jahr für Jahr«* so bestehen blieb (V. 7). Aus der Tatsache, dass Gott sich entschied, uns dieses Detail in seinem Wort zu überliefern, können wir schließen, dass ihn der Schmerz dieser Frauen bewegt, die solches durchmachen müssen.

Schließlich war Hanna mit ihrer Weisheit am Ende und schüttete ihr Herz vor Gott im Gebet aus. Sie war sehr ehrlich ihm gegenüber und klagte ihm, dass ihre Not und der unbändige Wunsch nach einem Kind sie fast verzehrten. Nachdem sie gebetet hatte, verflüchtigte sich ihr Kummer. Die Bibel berichtet uns, dass sie *»ihres Weges ging und aß«* (V. 18). Mit anderen Worten: Sie betete, stand auf und nahm wieder am Leben teil. Was befähigte sie plötzlich dazu? Ihre Sehnsucht war immer noch die gleiche, ihr Herzenswunsch, den sie mit Inbrunst im Gebet vorgebracht hatte, war immer noch nicht in Erfüllung gegangen, und eine Garantie dafür, dass Gott ihr Gebet erhören würde, hatte sie ebenfalls nicht. Gleichwohl war Hanna zufrieden.

Genau wie Hanna können auch wir Zufriedenheit erleben inmitten der Übermacht unserer unerfüllten Sehnsüchte. Sie legte all ihr Verlangen, ihren Kummer und ihre zerbrochene Hoffnung in die Hände ihres liebenden Gottes, der ihr jederzeit Hilfe zuteil werden lassen konnte. Doch in Hannas Gebet geschah mehr, als dass sie ihn um ein Kind bat: Sie gab Gott ihr Herz. Und als sie diesen Schritt getan hatte, wich ihr Kummer, denn indem sie ihm ihr Herz schenkte, konnte sie ihre Sehnsucht loslassen und vertrauen, dass der Herr es wohl macht. Dies geschieht immer, wenn wir unser Herz und das, woran es sich klammert, vertrauensvoll in Gottes Hände legen.

Von Hanna können wir lernen, dass es letztendlich nicht die Erfüllung unseres Herzenswunsches ist, die uns glücklich macht. Hannas Zufriedenheit stellte sich ein, bevor Gott ihr Gebet erhörte. Das Geheimnis liegt darin, Gott zu kennen – sein Wesen und seine liebevollen Absichten. Und Gott zu kennen, setzt unsere restlose Hingabe an ihn voraus. Wenn unser Herz bei Gott ist, werden wir merken, wie unsere Sehnsucht nach den Dingen, die wir uns mehr als alles wünschten, mehr und mehr nachlässt. Etwas viel Wertvolleres füllt jetzt die Leere aus. Genau aus diesem Grund lebte Hanna ihren Alltag fortan mit einem fröhlichen Gesicht weiter.

Auf lange Sicht gesehen, bekam Hanna mehr geschenkt als sie sich von Gott erbeten hatte: *»Und Hanna wurde schwanger. Und als die Tage um waren, gebar sie einen Sohn. Und sie gab ihm den Namen Samuel: Denn vom Herrn habe ich ihn erbeten«* (V. 20). Sie bekam ein Kind, aber vorher noch stillte Gott ihre wahre Sehnsucht: Er selbst hielt Einzug in ihrem Herzen.

Gott mag sich in unserem Leben ähnlich wie in Hannas offenbaren, indem er uns Dinge schenkt, um die wir ihn bitten. Vielleicht handelt er aber auch ganz anders. Es gibt keine Garantie, dass es immer so ausgeht wie in Hannas Situation. Aber eines ist sicher: Wenn wir Gott unser Herz ausliefern, beginnt unser Weg aus Kummer und Schmerz.

»Dem aber, der über alles hinaus zu tun vermag, über die Maßen mehr, als wir erbitten oder erdenken, gemäß der Kraft, die in uns wirkt, ihm sei die Herrlichkeit in der Gemeinde und in Christus Jesus auf alle Geschlechter hin von Ewigkeit zu Ewigkeit.«

Epheser 3,20-21

Rahel und ihr Jagdinstinkt

»Und als Rahel sah, dass sie dem Jakob nicht gebar, da war Rahel auf ihre Schwester eifersüchtig und sagte zu Jakob: Gib mir Kinder! Und wenn nicht, dann sterbe ich.«
1. Mose 30,1

Jakobs Frau Rahel war nie richtig zufrieden. Ebenso wenig war sie eine produktive Frau. Vielmehr brachte sie ihr Leben damit zu, den Dingen nachzujagen, die sie begehrte, koste es was und wen es wolle. Der Bibel können wir auch entnehmen, dass Rahel eine schöne Frau war. Möglicherweise entwickelte Rahel aufgrund der Schönheit ihrer äußeren Erscheinung ein völlig unangebrachtes Anspruchsdenken – ein häufig auftretendes Phänomen. Unabhängig von der Ursache ihres Verhaltens wirkte sich ihre egoistische Beharrlichkeit negativ auf die Menschen in ihrer Umgebung aus.

Obwohl Jakob nach damaliger Sitte zuerst die Ehe mit der älteren Schwester Lea hätte eingehen müssen, wollte Jakob Rahel heiraten. Durch eine List kam dann in der Tat zunächst die Hochzeit mit Lea zustande. Zwar mag dies ungerecht im Blick auf Rahel erscheinen, doch Rahel hatte weder das Recht noch eine Handhabe, die erste Frau

Jakobs zu werden. Um also den damaligen Sitten zu entsprechen, heirateten manche Männer seinerzeit mehr als eine Frau. So kam es auch dazu, dass Jakob die Ehe mit beiden Schwestern einging. Die dominante Komponente im Alltag dieser Dreiecksbeziehung war jedoch Rahels Launenhaftigkeit.

Lea, die ungeliebte der beiden Schwestern, war fruchtbar und gebar dem Jakob Söhne. Rahel beneidete ihre Schwester und verlangte von ihrem Mann, dafür zu sorgen, dass auch sie eigene Kinder bekommen konnte. *»Gib mir Kinder! Und wenn nicht, dann sterbe ich.«* Doch Jakob entgegnete verärgert: *»Bin ich an Gottes Stelle, der dir Leibesfrucht vorenthalten hat?«* (Vers 2). Aber auch Jakobs aufgebrachte Reaktion konnte Rahel nicht aufhalten. Sie zwang ihre Magd Bilha in die Rolle der »Leihmutter« und führte so die Empfängnis eines Kindes durch die unzüchtige Vereinigung mit Jakob herbei. Aber auch diese Maßnahme konnte sie nicht befriedigen.

Eines Tages brachte einer von Leas Söhnen die begehrten Dudaim-Pflanzen vom Feld mit, Heilpflanzen, denen unter anderem eine Empfängnis fördernde Wirkung zugeschrieben wurde. Durch einen manipulativen Kunstgriff beanspruchte Rahel die Dudaim für sich. Rahel sagte zu Lea: *»Gib mir doch von den Dudaim deines Sohnes!«* Sie aber sagte zu ihr: *»Ist es dir zu wenig, meinen Mann zu nehmen, dass du auch die Dudaim meines Sohnes nehmen willst?« Da sagte Rahel: »So mag er denn diese Nacht bei dir liegen (als Entgelt) für die Dudaim deines Sohnes«* (Verse 14-15). Sie war nie um eine Antwort verlegen.

Schließlich gebar Rahel einen Sohn, Joseph, doch anstatt Gott für diesen Segen zu danken, verlangte sie:

»Der Herr füge mir einen anderen Sohn hinzu!« (V. 24). Sie bestahl ihren Vater, sie manipulierte ihre Schwester, und sie jammerte und beklagte sich fortwährend bei ihrem Mann. Alles in dieser Geschichte deutet darauf hin, dass sämtliche Menschen in Rahels Umgebung für sie nur Mittel zum Zweck waren. Am Ende starb Rahel bei der Geburt ihres zweiten Sohnes. Sowohl ihr Leben als auch ihr Tod waren gezeichnet von ihrem Kampf um das, was sie unbedingt als nächstes haben wollte. Rahel ließ ihre Sehnsüchte nicht von Gott stillen. Und genau das war der Grund, weshalb es nichts gab, was sie wirklich befriedigen konnte.

Wir sind nicht ganz so weit von Rahel entfernt, wie wir es gerne hätten:

»Wenn ich doch nur heiraten könnte! Dann wäre ich glücklich!«, sagt die alleinstehende Frau.

»Wenn ich doch nur schwanger würde! Dann wäre mein Leben perfekt!«, sagt die verheiratete Frau.

»Wenn wir doch noch ein Kind bekämen!«, sagt die Mutter.

»Wenn meine Kinder mir doch Enkelkinder schenken würden!«, sagt die Mutter erwachsener Kinder.

»Wenn ich doch nur ein großes Haus hätte!«, sagt der Eigentumswohnungsbesitzer.

Doch wenn sich dann der »Ach wenn ich doch«-Umstand endlich eingestellt hat, macht er uns nicht wirklich zufrieden. Also visieren wir das nächste Objekt der Begierde an und steuern darauf los. Rahel funktionierte ihr ganzes Leben lang nach diesem Verhaltensmuster, in dem sie gefangen zu sein schien. Aber wir können dieses Muster in unserem Leben erkennen und verlassen. Wir können den Sinn unseres Lebens in etwas anderem suchen als in dem, was wir besitzen oder begehren: Wir können für Gott leben. Wenn wir unsere Wünsche und Sehnsüchte von uns selbst lösen und auf Gott und sein Anliegen projizieren, so werden wir tiefe Befriedigung erleben, wie sie uns nichts anderes geben kann. Und wir werden erstaunt feststellen, dass unser Jagdinstinkt bezüglich der Sache, die wir eigentlich als Nächste haben wollten, auf wundersame Weise nachgelassen hat.

Auf unsere Einstellung kommt es an

»Ich ermahne euch nun, Brüder, durch die Erbarmungen Gottes, eure Leiber darzustellen als ein lebendiges, heiliges, Gott wohlgefälliges Opfer, was euer vernünftiger Gottesdienst ist. Und seid nicht gleichförmig dieser Welt, sondern werdet verwandelt durch die Erneuerung des Sinnes, dass ihr prüfen mögt, was der Wille Gottes ist: das Gute und Wohlgefällige und Vollkommene.«
Römer 12,1-2

Beim Gedanken an ihren dreißigsten Geburtstag, den Linda in zwei Monaten feiern wird, machen sich Frustration und Entmutigung breit. Ihre beiden besten Freundinnen haben im vergangenen Jahr geheiratet. Für Linda dagegen gibt es weit und breit keinerlei Aussichten auf ein Leben zu zweit, obwohl sie sich nichts sehnlicher wünscht, als ebenfalls zu heiraten. Dazu kommt noch, dass sie die nötigen Qualifikationen für ihren momentanen Job nicht besitzt und daher ständig mit Überforderungsgefühlen zu kämpfen hat. Außerdem musste sie einige gesundheitliche Rückschläge hinnehmen, nichts Lebensbedrohliches, aber trotzdem äußerst unangenehm und hinderlich. Mit jedem neuen Schicksalsschlag wächst Lindas Verzagtheit, und ihr

Herz rebelliert gegen Gott. Sie kann es einfach nicht verstehen – wann wird sie endlich sichtbaren Segen Gottes erfahren? Ihre Freundinnen bekommen Ehemänner und gute Jobs, und wann ist sie an der Reihe? Zwar zögern Lindas Freundinnen nicht, ihr Mitgefühl zu bekunden und sie zu ermutigen, doch kann sie all das nicht wirklich trösten. Das Mitgefühl erzeugt nicht echte Zufriedenheit bei ihr, und auch ermutigende Worte, oftmals bloß hohles Gerede von besseren Zeiten, helfen nicht wirklich.

Mitverantwortlich für Lindas Befinden sind ein falsches Gottesbild und eine unzutreffende Vorstellung von Gottes Wirken im Leben seiner Kinder – eine falsche Vorstellung im Übrigen, die viele von uns teilen. Gott hat uns nicht in seine Nachfolge gerufen, um uns all unsere Herzenswünsche zu erfüllen, unsere Gaben und Talente zur maximalen Entfaltung zu bringen und uns körperliches Wohlergehen zu garantieren. Wenn das unserer Vorstellung von einem Leben in der Nachfolge Jesu entspricht, so werden wir nie echte Zufriedenheit erlangen. Halten wir an diesem Gottesbild fest, führt das zwangsläufig zu der Überzeugung, dass Gott uns aufgegeben hätte, wenn unser Leben nicht so glatt läuft, wie wir es gerne hätten. Linda jedenfalls lebt mit dieser Einstellung und entwickelt dementsprechend eine bittere Herzenshaltung gegenüber Gott.

Weil Gott uns liebt, lässt er mit Sicherheit auch sichtbaren Segen in unserem Leben fließen. Er erfüllt auch den einen oder anderen Herzenswunsch und sorgt für uns im Überfluss. Weil Gott uns liebt, enthält er uns aber zuweilen auch Dinge vor, und die Gründe dafür liegen nicht immer auf der Hand. Wenn unser Herz sich also darauf versteift, dass er bestimmte Dinge für uns tun soll oder zumindest sollte, ist Unzufriedenheit mit dem Leben und mit Gott die unvermeidliche Folge.

Gott enthält uns gewisse Segnungen vor und lässt dadurch ein schmerzhaftes Vakuum in unseren Herzen entstehen, und zwar aus einem ganz bestimmten Grund: damit er selbst diese innere Leere füllen kann. Er kann jedoch nichts mit dem Optimum füllen, was bereits mit lauter Mittelmäßigkeit besetzt ist. Wir werden Christus nie in seiner ganzen Fülle erfahren können, wenn wir uns in unseren Herzen an das klammern, was Gott unserer Meinung nach hier und jetzt für uns tun sollte. Und genau das ist Lindas eigentliches Problem. Sie ist fixierter auf die Dinge, die sie von Gott erwartet, als dass sie sich nach ihm selbst sehnt. Würde sie dem im Keim vorhandenen Verlangen nach Gott nachgeben und ihr Leben dadurch bestimmen lassen, so könnte sie vollkommene Erfüllung erleben. Das gilt auch für uns. Denn das ist der Wunsch, den Gott zu erfüllen versprochen hat: das Verlangen, volles Genüge in ihm zu haben. Jesus sagt uns in Matthäus 5,6: *»Glückselig, die nach der Gerechtigkeit hungern und dürsten, denn sie werden gesättigt werden.«*

Vielleicht werden sich Lindas Lebensumstände zum Guten wenden. Vielleicht aber auch nicht. Sicher ist, dass ihr Leben von Niedergeschlagenheit gekennzeichnet bleiben wird, solange sie immer nur auf bessere Zeiten hofft. Der einzige Ausweg bedeutet, zu entdecken und in Anspruch zu nehmen, was das Leben eines Christen in Wahrheit ausmacht: das Vertrauen in die alles übertreffende, fürsorgliche Liebe unseres himmlischen Vaters, die Entdeckung der überfließenden Segnungen des Einsseins mit Christus und das Leben für das Königreich unseres Gottes. Aber wie können wir diesen Stand erreichen? Ist es wirklich möglich, das mehr zu begehren als all die Dinge, die wir besitzen wollen und die sich in unseren Herzen festgekrallt haben? Ja, es ist möglich – jedoch nicht durch Verbissenheit und eigene Anstrengung. David Powlison schreibt dazu:

> »Ein Psychologe hat es einmal folgendermaßen ausgedrückt: ›Gegen die Sehnsucht des menschlichen Herzens kann man nichts tun. Und selbst wenn man es könnte, so wäre der Menschheit etwas verloren gegangen, was Gott ursprünglich in sie hineingelegt hat. Unsere Sehnsucht ist legitim. Sie sollte nicht nur wahrgenommen, sondern auch angenommen werden. Denn nur so werden wir Gott in Wahrheit als den begreifen können, der Sehnsucht stillt und sich um die Seele des Menschen kümmert. Das Problem liegt also nicht so sehr im Sehnen unseres Herzens begründet.‹ In gewisser Hinsicht ist unsere Sehnsucht nun doch wieder das Problem; das Wünschen des menschlichen Herzens ist wandelbar. ... Gott müsste zum Gegenüber unserer Sehnsucht werden. Um uns zu Menschen seines Herzens zu machen, muss Gott das Sehnen unseres Herzens verändern und auf die Dinge richten, die Jesus wollte. ... Das Leben des Menschen ist ein Paradoxon: Jene, die an ihrem Ich zugrunde gehen, entdecken das. ... Sehne ich mich nach Glück, stoße ich auf Elend. Sehne ich mich danach, geliebt zu werden, stoße ich auf Zurückweisung. Sehne ich mich nach Bedeutsamkeit, stoße ich auf Sinnlosigkeit. Sehne ich mich danach, alles im Griff zu haben, stoße ich auf

Chaos. Sehne ich mich nach Ehre und Ansehen, stoße ich auf Demütigung. Sehne ich mich jedoch nach Gott und nach seiner Weisheit, so stoße ich auf Gott und auf seine Weisheit. Und wenn ich mit ihm weiter meine Straße ziehe, so stoße ich auch auf Glück, Liebe, Bedeutsamkeit, geordnete Verhältnisse und Ehre.«[1]

Wenn die Dornen schmerzen

»Deshalb habe ich Wohlgefallen an Schwachheiten, an Misshandlungen, an Nöten, an Verfolgungen, an Ängsten um Christi willen; denn wenn ich schwach bin, dann bin ich stark.«
2. Korinther 12,10

Im Leben des Apostels Paulus gab es so etwas wie einen Störfaktor, einen Punkt, der sein Leben auf eine bestimmte Art und Weise behinderte. Genaueres wird uns darüber nicht berichtet. Dieser Dorn könnte ein körperliches Leiden gewesen sein. Möglicherweise war es ein persönlicher Kummer oder die Trauer über den Verlust eines geliebten Menschen oder über einen besonderen Umstand. Was auch immer es gewesen sein mag, es bewegte Paulus dazu, den Herrn um Befreiung von diesem »Dorn im Fleisch« anzuflehen.

Die meisten Menschen wissen um solch einen Dorn in ihrem Leben. Bei manchen sind es schreckliche Erinnerungen, die immer wieder in ihnen hochkommen und ihnen auch in an sich unbeschwerten Zeiten die Freude rauben. Andere leiden unter körperlichen Gebrechen, die ihre Lebensqualität enorm einschränken. Manche wiederum plagt der Dorn der Armut, weil ihr Budget noch nicht einmal für die Grundversorgung ausreicht. Vielleicht ist es der Kummer über ein Kind, das sich auf Abwegen befindet und sich durch eine ungute Lebensentscheidung nach der anderen immer tiefer ins Elend hineinmanövriert. Schließlich gibt es Menschen, die beständig unter langersehnten, aber unerfüllten Wünschen leiden. Unsere Dornen kommen in allen möglichen Ausführungen daher – mal sind sie emotionaler Natur, mal körperlicher oder seelischer Art. Aber sie alle gefährden unsere Fähigkeit zur Zufriedenheit, wenn wir mit ihnen nicht so umgehen, wie Paulus es tat.

Als sich der Dorn in Paulus' Leben einstellte und ihn zu quälen begann, floh Paulus zunächst ins Gebet und bat Gott wiederholt um Heilung. Die Bibel sagt uns, dass er am Gebet festhielt, so wie wir es zu tun pflegen, wenn um uns herum der Sturm tobt. Aber der Herr nahm Paulus den Dorn nicht fort. Wenn wir uns in solchen Situationen befinden, halten wir oft inne und zerbrechen uns den Kopf darüber, ob wir vielleicht nicht richtig oder nicht intensiv genug gebetet haben. Vielleicht suchen wir im Gespräch mit Geschwistern eine Antwort auf die Frage, warum Gott nicht antwortet. Wir bemühen uns eifrig darum, herauszufinden, ob wir etwas falsch machen. Gleichzeitig gehen wir auf die Suche nach unerkannter Sünde in unserem Leben und betreiben so etwas wie geistliche Bestandsaufnahme. *Vielleicht*, so denken wir, *könnte es ja auch daran liegen, dass mein Glaube zu schwach ist.*

Doch bei Paulus finden wir nichts von alledem. Weil seine Beziehung zu Gott eine sehr innige war, hatte er ein hörendes Herz, so dass er vernehmen und verstehen konnte, was Gott damit bezweckte, dass er seinen Dorn im Fleisch nicht fortnahm. Und weil sein ganzes Leben sich um Christus drehte, konnte er das, was Gott ihm diesbezüglich gesagt hatte, auch von Herzen annehmen: *»Meine Gnade genügt dir, denn meine Kraft kommt in Schwachheit zur Vollendung«* (V. 9). *»Sehr gerne will ich mich nun vielmehr meiner Schwachheiten rühmen, damit die Kraft Christi bei mir wohne«*, schreibt er.

Gott verfolgt mit uns kein anderes Ziel als das, welches er mit Paulus hatte. Er gibt Dornen in unser Leben, weil sie uns schwach machen, und nur wenn wir schwach sind, werden wir die Art von Stärke erkennen, die wir allein in Christus finden können – und auch nur dann werden wir uns nach ihr ausstrecken. Diese Dornen erschüttern uns und unsere Selbstgenügsamkeit. Jesu Stärke ist vollkommen und nimmt uns den Schmerz in Situationen der inneren Leere und der Schwachheit. Mit Hilfe seines Dorns begreift Paulus den Segen dieses großartigen Tausches und kann deshalb mit Überzeugung schreiben: *»Denn wenn ich schwach bin, dann bin ich stark«* (V. 10). Der einzige Weg, mit dieser Stärke ausgerüstet zu werden, von der Paulus spricht, ist, die Dornen zu akzeptieren, die Gott in unserem Leben absichtlich platziert hat. Weil Paulus die Auswirkungen der Stärke Jesu als so mächtig und freudestiftend erlebte, konnte er mit seinen Nöten – die reichlich vorhanden waren – plötzlich umgehen, als wären es gute Freunde. Können wir wie Paulus sagen: *»Deshalb habe ich Wohlgefallen an Schwachheiten, an Misshandlungen, an Nöten, an Verfolgungen, an Ängsten«*?

Ja, wir können das ebenfalls sagen. Wir können in innerem Frieden mit unseren Dornen leben, wenn wir lernen, sie als Chancen zu sehen. Jede Schwierigkeit, die sich uns in den Weg stellt, und alles, was uns schwächt, ist eine frische und neue Gelegenheit, uns an Christus zu klammern und seine Macht, seine Stärke und all das zu entdecken, was er uns in der Gesamtheit seiner Fülle sein will. Es gibt Aspekte unseres Verbundenseins mit Christus, die wir ohne die uns schwächenden Dornen in unserem Leben niemals aufspüren würden. Deshalb beantwortete Christus das Gebet des Paulus um Heilung mit den Worten *»Meine Gnade genügt dir«*.

Lassen Sie sich auch an Christi Gnade genügen? Sie werden dieses Geheimnis nie erfahren, wenn Sie all ihre Energie unaufhörlich für den Versuch aufbringen, den Dorn aus ihrem Fleisch zu ziehen. Wenn Sie sich nach Heilung sehnen – und zwar nach wirklicher Heilung, die Art von Heilung, die Sie mit Zufriedenheit erfüllt –, dann hören Sie auf zu kämpfen, wenn Gott *nein* sagt. Hören Sie auf die Worte, die Christus an Paulus richtete, denn er richtet sie auch an Sie.

Auf der Flucht

»Jedermann vom Haus Israel, der seine Götzen in seinem Herzen aufkommen lässt und den Anstoß zu seiner Schuld vor seinem Gesicht aufrichtet und dann zum Propheten kommt – ich der Herr, ich selbst, lasse mich für ihn zu einer Antwort bewegen, gemäß der Menge seiner Götzen, damit ich das Haus Israel an seinem Herzen fasse, weil sie sich allesamt um ihrer Götzen willen von mir abgewandt haben.«

Hesekiel 14,4-5

Wie kommen wir am Ende eines stressigen, anforderungsreichen Tages zur Ruhe? Das Beste, was man tun kann, ist sicherlich ein stilles Plätzchen zum Gebet zu suchen und unsere Sorgen und Nöte vor Gott auszuschütten. Aber oft ist es eben nicht das, was wir dann zu tun pflegen. Anstatt dessen suchen wir Zerstreuung. In besonders herausfordernden Phasen unseres Lebens entwickeln wir oftmals ein starkes Bedürfnis nach irgendwelchen Dingen, die uns von Gefühlen der Beunruhigung und Beklemmung befreien oder wenigstens helfen, sie zu verdrängen. Also greifen wir zu Schokolade oder Chips. Oder wir bleiben vor sinnlosen Fernsehkomödien hängen. Vielleicht köpfen wir eine Flasche Wein. Oder wir machen uns auf und gehen shoppen – in der Stadt oder im Internet.

Wenn die kleinen Annehmlichkeiten des Lebens zu übermächtigen Fluchtmechanismen werden, bekommen wir auf kurz oder lang ein Problem: Sie werden uns beherrschen. Wir ertappen uns dabei, dass wir unsere Lieblingsgenüsse in kleine, tägliche Ritualen einpacken und ihnen dadurch wachsenden Einfluss auf uns zugestehen – eine Bindung, die wir oftmals über lange Zeit hinweg nicht bemerken. Eine Frau, die Stress mit Hilfe von Schokolade abbaut, wird möglicherweise jeden Tag um drei Uhr einen Gang zum Süßigkeitenautomaten einplanen. Mit der Zeit reagiert sie dann schon einmal ungehalten, wenn etwas oder jemand den Ablauf ihres Nachmittags durcheinander bringt und der Termin mit ihrer Schokolade platzt. Eine andere Frau entspannt sich vielleicht gerne bei einem Gläschen Wein vor dem Abendessen und freut sich schon den ganzen Tag darauf. Mit der Zeit schwänzt sie schon einmal die Bibelstunde oder einen anderen Abendtermin, weil das ihr abendliches Entspannungsritual stören würde. Letztlich werden wir zu Gefangenen unserer ursprünglich als Fluchtmethode gedachten Gewohnheit.

Ein Schokoriegel nachmittags um 15 Uhr scheint keine große Sache zu sein. Warum sollten uns die kleinen Genüsse des Lebens nicht den arbeitsreichen Tagesablauf versüßen dürfen? Dürfen wir sie nicht auch als Gaben betrachten? Natürlich dürfen wir das. Problematisch wird es nur dann, wenn wir sie als Mittel zum Spannungsabbau oder gegen Langeweile und depressive Stimmungen missbrauchen. Wenn wir die kleinen Annehmlichkeiten unseres Lebens in Heilmittel gegen unsere Probleme umfunktionieren, richten wir Götzen in unseren Herzen auf, die Gott letztlich verdrängen. Wenn eine Frau Trost und Befriedigung im gewohnheitsmäßigen Leeren von Chipsvorräten sucht, dann bezeichnet Gott sie als einen Menschen, *»der sich von mir trennt und seine Götzen in seinem Herzen aufkommen lässt«* (V. 7).

Allen Götzen wohnt das Gesetz des abnehmenden Grenzertrages inne: Je mehr wir Erleichterung und Erfüllung in dem jeweiligen Fluchtmechanismus unserer Wahl suchen, desto weiter entfernen wir uns von Gott und desto unglücklicher werden wir. Im Ergebnis wird ein Schokoladenriegel nicht ausreichen – bald werden wir auch noch einen nach dem Abendessen brauchen. Ein Glas Wein wird uns nicht für immer der Realität entrücken – bald werden zwei Gläser nötig sein. Doch wie sollen wir denn mit Belastungssituationen fertig werden und den mit ihnen einhergehenden Stress und Druck abbauen? Der Ausweg aus Stress, Langeweile, Einsamkeit, Depression, Angst und Sorge liegt darin, mitten durch diese Situationen hindurchzuschreiten. Aber wir müssen es nicht im Alleingang meistern. Jesus sagt uns zu: *»Kommt her zu mir, alle ihr Mühseligen und Beladenen! Und ich werde euch Ruhe geben. Nehmt auf euch mein Joch, und lernt von mir! Denn ich bin sanftmütig und von Herzen demütig, und ihr werdet Ruhe finden für eure Seelen; denn mein Joch ist sanft, und meine Last ist leicht«* (Mt 11,28-30).

Sieg mitten im Leid

»Während der noch redete, da kam ein anderer und sagte: Deine Söhne und deine Töchter aßen und tranken Wein im Haus ihres erstgeborenen Bruders. Und siehe, ein starker Wind kam von jenseits der Wüste her und stieß an die vier Ecken des Hauses. Da fiel es auf die jungen Leute, und sie starben. Ich aber bin entkommen, nur ich allein, um es dir zu berichten. Da stand Hiob auf und zerriss sein Obergewand und schor sein Haupt; und er fiel auf die Erde und betete an. Und er sagte: Nackt bin ich aus meiner Mutter Leib gekommen, und nackt kehre ich dahin zurück. Der Herr hat gegeben, und der Herr hat genommen, der Name des Herrn sei gepriesen!«

Hiob 1,18-21

Vor zwei Wochen erhielt ich Besuch von einer hochschwangeren werdenden Mutter. Trotz aller Beschwerlichkeit aufgrund der spätsommerlichen Hitze floss Helen über vor Freude auf ihr Baby. Sie und ihr Mann hatten bereits einen kleinen Jungen und waren daher besonders aufgeregt, weil sie nun ein Mädchen erwarteten.

Vor einigen Minuten erreichte mich die Nachricht, dass Helens Baby nur wenige Tage vor dem errechneten Geburtstermin gestorben sei. In diesem Moment sollte nun die Geburt eingeleitet werden, damit sie ihr totes Kind zur Welt bringen konnte.

»Warum, Herr, warum?«, würden wir am liebsten schreien. »Warum lässt du sie solch ein Leid durchmachen?«

Wir wissen nicht warum. Aber wir wissen, dass Gott da war: *»Denn du bildetest meine Nieren. Du wobst mich in meiner Mutter Leib. Nicht verborgen war mein Gebein vor dir, als ich gemacht wurde im Verborgenen, gewoben in den Tiefen der Erde. Meine Urform sahen deine Augen. Und in dein Buch waren sie alle eingeschrieben, die Tage, die gebildet wurden, als noch keiner von ihnen (da war)«* (Ps 139,13.15-16). Heute musste Helen das durchleiden, was Hiob auch durchlitt, einen Schmerz, den die wenigsten von uns jemals erfahren werden, einen Schmerz, von dem sich manche nie erholen. Diejenigen, die ein solcher Schicksalsschlag trifft, können sich nicht vorstellen, jemals wieder Freude zu empfinden. Aber da Helen einen sehr starken Glauben hat, denke ich, dass sie es schaffen wird.

Sie lebt eine Art von Glauben, der auch in den notvollsten und schmerzlichsten Situationen die Freude Überhand gewinnen lässt. Sie lebt eine Art von Glauben, der selbst in der Gluthitze der Anfechtungen nicht an Gottes Güte zweifelt. Solch ein Glaube stellt weder seine Absichten in Frage, noch zweifelt er an seiner Treue oder hört gar auf zu existieren. Und Menschen wie Helen oder Hiob bleiben nicht nur einfach an Gott dran – noch während sie weinen und klagen, ergreifen sie das, was vor ihnen liegt, im Glauben und mit Lobpreis.

Jede Faser unseres Seins sträubt sich dagegen, Gott in solchen Zeiten zu loben. Das Lob Gottes und die schmerzvolle Realität erscheinen uns wie Tag und Nacht. Aber es ist der Weg zurück ins Leben. Es ist der einzige Weg zum Sieg mitten im tiefsten Leid. Gott inmitten der verheerendsten Verwüstungen unseres Lebens zu preisen, ist deshalb kein Widerspruch in sich, weil Gott immer anbetungswürdig ist, unabhängig davon, was er tut und ob wir sein Handeln verstehen können. Der Tod eines Babys ist an sich kein rühmliches Ereignis, aber die göttliche Absicht, die dahinter steht, ist anbetungswürdig. Alles, was uns widerfährt, hat unser Herr so angeordnet; warum sollten wir ihm also nicht in allen Dingen danken? Helen weiß um ihre Identität als Kind Gottes und als Kind seines Bundes; sie weiß, dass Gott ihr gegenüber keine feindlichen Absichten hegt. In Wahrheit soll ihr aus dem Tod ihres Kindes Segen erwachsen. Und noch während sie trauert, kann sie dies im Glauben annehmen, auch wenn sie noch nicht erkennen kann, wie es geschehen soll.

Einige Wochen zuvor bekam der Vater dieses ungeborenen Kindes einen Anruf von einem befreundeten Ehepaar. Diese verzweifelten Eltern waren nach einer Abendveranstaltung nach Hause gekommen und hatten den leblosen Körper ihres ältesten Sohnes gefunden, der sich das Leben genommen hatte. Der werdende Vater eilte zum Ort des Geschehens, und nachdem er die Polizei gerufen hatte, konnte er den fassungslosen Eltern die Liebe und Güte Gottes bezeugen.

Dieser junge Vater wurde heute erneut von eben diesem unfassbaren Schmerz heimgesucht, nur betraf er ihn dieses Mal persönlich. Doch an seiner Einstellung und Überzeugung wird es nichts ändern, denn sein Vertrauen in Gottes Güte steht felsenfest. Kurz nachdem er erfahren hatte, dass sein ungeborenes Kind gestorben war, musste er an etwas denken, was er zu den verzweifelten Eltern in der schrecklichen Nacht gesagt hatte, als sie den Selbstmord ihres Sohnes entdeckt hatten: »Inmitten der Schrecknisse und des Leids wird der Vorhang zur Ewigkeit ein Stück beiseite gezogen, um den Blick auf unseren Erlöser freizugeben.«

Der Herr gibt, und der Herr nimmt. Gelobt sei sein Name, denn dadurch wird Christus geoffenbart. Ohne Verlusterlebnisse würden wir ihn vielleicht nie erkennen.

Rundum abgesichert – und völlig gelangweilt

»Denn der Feigenbaum blüht nicht, und an den Reben ist kein Ertrag. Der Ölbaum versagt (seine) Leistung, und die Terrassen(gärten) bringen keine Nahrung hervor. Die Schafe sind aus der Hürde verschwunden, und kein Rind ist in den Ställen. Ich aber, ich will in dem Herrn frohlocken, will jubeln über den Gott meines Heils. Der Herr, der Herr, ist meine Kraft. Den Hirschen gleich macht er meine Füße, und über meine Höhen lässt er mich einher schreiten.«

Habakuk 3,17-19

»Garantiert schlank in nur drei Wochen!«

»Lebenslange Garantie auf unser gesamtes Sortiment.«

»Liefern wir die Pizza nicht binnen einer halben Stunde, bekommen Sie sie gratis.«

Die Gewährung von Garantierechten durch den Händler ist auf dem heutigen Markt nicht mehr wegzudenken. Ein Produkt oder eine Dienstleistung ohne Garantieversprechen erregt sofort unser Misstrauen. Das Vertrauen reicht keine Sekunde weiter als die Garantielaufzeit. Rundum abgesichert – die moderne Verbrauchermentalität. Ich glaube, das kennen Sie.

Eine Frau, die dem Vorbild der Frau aus Sprüche 31 in Sachen Haushaltsführungsqualitäten nacheifern will, stößt auf folgende Aussage: »*Sie hält Ausschau nach einem Feld und erwirbt es; von der Frucht ihrer Hände pflanzt sie einen Weinberg*« (Spr 31,16). Danach liest sie das Verbraucherschutzmagazin und durchforstet das Kleingedruckte und die Allgemeinen Geschäftsbedingungen. Das entspricht eben unserem gesunden Menschenverstand. Wir begehen dabei nur den Fehler, dass wir dieses Prinzip auch auf unser Leben als Christen übertragen.

»Ich glaube, dass Gott mich auf das Missionsfeld beruft, aber ich bin mir nicht sicher, ob das in finanzieller Hinsicht eine gute Entscheidung ist.«

»Tom hat mich gefragt, ob ich seine Frau werden möchte, und allem Anschein nach ist er auch ein geistlich reifer Mann. Ich habe aber Angst davor, den Falschen zu heiraten.«

Wir wollen unser Vertrauen nicht ganz auf Gott setzen. Wir wollen vielmehr eine Garantie, dass alles zu unseren Gunsten ausgeht, und ohne diese Garantie setzen wir uns nicht in Bewegung. Wir gehen kein Risiko ein und verlassen uns nur auf das, was wir wissen. Alles andere ist uns zu heikel. Wir leben mit diesem Kompromiss und akzeptieren seinen Preis – eine grundlegende Unzufriedenheit –, um in der Sicherheitszone zu bleiben. Durch das Streben nach größtmöglicher Sicherheit hält immer mehr Unzufriedenheit Einzug in unser Leben als Christen heutzutage.

Selbstverständlich birgt die Ausreise aufs Missionsfeld ein finanzielles Risiko. Keiner garantiert einem Missionar eine üppige Altersversorgung. Wenn wir uns für einen Ehepartner entscheiden, dann entscheiden wir uns damit auch gegen jeden anderen, der vielleicht noch des Weges kommen könnte. Christus garantiert uns keine lebenslange Bequemlichkeit. Es kann sein, dass der Feigenbaum niemals blüht. Es kann sein, dass die Schafe niemals zur Herde zurückkehren.

Weil der Wunsch, die Folgen unserer Entscheidungen absehen zu können, nur allzu menschlich ist, wollte Petrus von Jesus wissen: *»Siehe, wir haben alles verlassen und sind dir nachgefolgt. Was wird uns nun werden?«* (Mt 19,27). Jesus entgegnete, dass diejenigen, die alles verlassen, um ihm nachzufolgen, Segen erleben und keinen Mangel leiden müssten. Aber wir würden am liebsten die Segnungen bis ins kleinste Detail schon im Voraus kennen. Wir wollen genaue Angaben mit Garantiesiegel.

Es gibt nur eine absolute Garantie für Christen, und die lautet: *»Wir wissen aber, dass denen, die Gott lieben, alle Dinge zum Guten mitwirken, denen, die nach (seinem) Vorsatz berufen sind. Denn die er vorher erkannt hat, die hat er auch vorherbestimmt, dem Bilde seines Sohnes gleichförmig zu sein, damit er der Erstgeborene sei unter vielen Brüdern«* (Röm 8,28-29).

Darum können wir ohne Weiteres unsicheres Terrain betreten, wenn Gott uns dazu beruft. Deshalb konnte Habakuk frohlocken, auch ohne Feigen, ohne Frucht, ohne Oliven, ohne Herde und ohne Rinder in den Ställen. Gott war seine Stärke, und er ist auch unsere Stärke. Möglicherweise stehen wir ohne Garantiepapiere da und wissen nicht, ob es so ausgeht, wie wir es uns wünschen, aber Gott will in uns wirken, was er auch in Habakuk gewirkt hat – er will uns zu einem Leben auf sonnigen Höhen in seiner Gegenwart führen. Und dabei spielt keine Rolle, wohin die Reise geht und was wir dafür zurücklassen.

Worum wir bitten

»Schnell vergaßen sie seine Taten, warteten nicht auf seinen Rat. Sie gierten voller Begierde in der Wüste, versuchten Gott in der Einöde. Da erfüllte er ihnen ihre Bitte, und er sandte Schwindsucht in ihre Seele.«
Psalm 106,13-15

Ungezügeltes Verlangen ohne Beherrschung ist etwas Gefährliches. Es heißt Besessenheit. Wenn wir all unsere Hoffnung ausschließlich auf etwas setzen, was wir begehren, dann werden wir auf kurz oder lang mit nichts anderem mehr zufrieden sein können. Wenn unser Lebensinhalt darin besteht, dem Objekt unserer Begierde nachzujagen, verliert Gott den vordersten Rang auf unserer Prioritätenliste oder verschwindet möglicherweise ganz von dort. Wir begegnen Gott in seinem Wort nicht mehr mit einem hörenden Herzen. Und dabei merken wir noch nicht einmal, dass wir eigentlich gar nicht hinhören, weil unser Herz so versessen auf diese eine Sache ist, die wir verbissen verfolgen. Oftmals erkennen wir es erst viel später, wenn die Angelegenheit schon furchtbar aus dem Ruder gelaufen ist.

Alice musste vor einigen Jahren diese schmerzvolle Erfahrung machen, als sie eine Beziehung zu einem Mann einging, den sie übers Internet kennengelernt hatte.

Nachdem sie einige Monate online kommuniziert hatten, beschlossen sie, einander persönlich kennenzulernen. Ihr erstes Treffen war grandioser, als sie es jemals erwartet hätten. Seitdem sie sich von Angesicht zu Angesicht begegnet waren, entwickelte sich ihre Beziehung sehr schnell. Doch nach ein paar Monaten wurde Alice zunehmend bedrückter. Tom machte sich immer wieder auf ihre Kosten lustig und stellte sie durch kleine verbale Seitenhiebe vor anderen bloß. Außerdem hatte Alice den Eindruck, dass Tom einen Teil seines Lebens vor ihr verborgen hielt. Er reagierte ausweichend, wenn es um Dinge ging, die er ohne sie unternahm. Ständig hatte er neue Ausreden, warum er nicht zum Gottesdienst kommen konnte, und es gab nur wenig Sichtbares, das sein formelles Glaubensbekenntnis mit Leben füllte. Alices Freundinnen schienen nicht so begeistert von Tom zu sein und warnten sie, sich auf eine ernste Beziehung mit ihm einzulassen. Schließlich fasste sich Alice ein Herz und weihte ihren Pastor ein, der ihr daraufhin ernsthaft zum Abbruch der Beziehung riet.

Aber Alice ließ von der Verbindung nicht ab. Sie schlug alles in den Wind: die deutlichen Warnungen ihrer Freundinnen und ihres Pastors, ihr schwindendes Gefühl von Freude in Toms Gegenwart und die Tatsache, dass er keines der Merkmale eines geistlichen Ehemannes aufwies – und heiratete ihn. Ein Jahr später verließ er sie.

So viel Leid, das wir uns selbst auferlegen, entspringt unserer Versessenheit auf eine Sache, die Gott aus einem bestimmten Grund nicht segnet. Wenn wir unseren Weg in enger Verbundenheit mit Gott gehen, dann ist es nicht schwierig zu erkennen, wo seine Hand im Spiel ist und wo nicht. Er ist gnädig, und ich habe noch keine Situation erlebt, in der er keine ausreichend verständlichen Warnungen ausgesprochen hat. Alices Wunsch nach einem Ehemann war so übermächtig, dass sie »seine Taten schnell vergaß«. Sie »wartete nicht auf seinen Rat, sie gierte voller Begierde in der Wüste und versuchte Gott in der Einöde.« Und genau wie Gott im Falle der Israeliten verfuhr, erfüllte er Alices Bitte, aber *»sandte Schwindsucht in ihre Seele«*.

Der Hintergrund, vor dem Psalm 106 entstand, ist die Situation des Volkes Gottes, der Israeliten, während ihrer Wüstenwanderung. Nach monatelangem, scheinbar ziellosem Umherwandern waren sie der Wüstenlandschaft verständlicherweise überdrüssig. Wüstenlandschaften sind per definitionem problembehaftete Orte. Sie sind öde und karg und lassen unser Bedürfnis nach Bequemlichkeit und Annehmlichkeiten des Lebens unerfüllt.

Wüstenlandschaften können sehr unterschiedlich und vielfältig sein. Einige von uns kennen die Wüste des Unverheiratetseins. Andere wandern in der Wüste der Arbeitslosigkeit, in der Wüste der Krankheit oder in der Wüste der problembeladenen Ehe. Wüstenlandschaften sind Orte, die wir lieber heute als morgen verlassen wollen. Genauso erging es Alice. Um jeden Preis wollte sie der Wüste des Singledaseins entrinnen und in das ihrer Meinung nach gelobte Land der Ehe einziehen. Je mehr sie ihr Augenmerk auf die Unannehmlichkeiten ihrer Wüstenlandschaft richtete, desto weniger hatte sie Gott im Blick. Ihre immer stärker werdenden Fluchtgedanken und ihre übermächtige Sehnsucht ließen Gott in ihrem Herzen ganz klein werden.

Wie verhalten wir uns in unseren Wüstenlandschaften? Sind wir bereit, sie zufrieden und im Vertrauen auf Gottes Versorgung zu durchwandern, oder sind wir so versessen darauf, dass er uns eine konkrete Bitte gewährt, dass wir aufhören zu vertrauen, aufhören zu warten und aufhören hinzuhören? Wenn wir uns von den Dingen beherrschen lassen, an denen es uns in der Wüste mangelt, ernten wir nichts Gutes, und oftmals schmeckt etwas im Nachhinein bitter, was wir zuvor gierig an uns gerissen haben. Manchmal erfüllt Gott uns einen eigensinnigen Wunsch, um uns zu zeigen, was wir stattdessen wirklich brauchen. Alice brauchte in Wahrheit keinen Ehemann. Sie hätte eher in ihrer Single-Wüste ausharren und warten sollen, bis sich eine biblische Alternative der Eheschließung auftat. Wäre sie nicht so fixiert auf ihren übermächtigen Wunsch gewesen, hätte sie erkennen können, dass die Hochzeit mit Tom aus biblischer Sicht keine weise Entscheidung war.

Gott legt die Dauer unserer Wüstenwanderung gemäß seiner mit ihr verfolgten Absicht fest, und seine Absichten zielen immer auf unser langfristiges Wohl ab, was wir dann erkennen können, wenn wir auf ihn warten. Wir brauchen Glauben, der weiß, dass Gott zu jedem Zeitpunkt – nicht nur jenseits der Wüste – unser Wohlergehen im Auge hat. Er bahnt uns den Weg zur Zufriedenheit auch angesichts schwieriger Umstände, selbst wenn ihr Ende noch nicht in Sicht ist. Zufriedenheit erwächst aus der Zuversicht, dass wir alles haben, was wir für den heutigen Tag benötigen. Gott hat kein Detail übersehen. Wenn wir es bräuchten, dann hätten wir es, und deshalb ist das, was wir haben, tatsächlich genug für das Heute. Glauben Sie das? Und – ebenso wichtig: Akzeptieren Sie das? Wenn dem so ist, dann werden Sie die Erfahrung machen, dass sich Zufriedenheit bereits einstellt, bevor ihr Gebet um eine bestimmte Segnung erhört worden ist.

Träume werden wahr

»Habe deine Lust am Herrn, so wird er dir geben, was dein Herz begehrt.«
Psalm 37,4

Wir alle tragen Wünsche in uns, und es gibt gewisse Dinge, von denen wir meinen, dass sie uns die Zufriedenheit brächten, nach der wir uns so schrecklich sehnen. Wenn wir dann auf Davids Worte hier in Psalm 37 stoßen, keimt erst einmal Hoffnung in uns auf. Endlich! Das könnte der Schlüssel sein, der unsere Träume Wirklichkeit werden lässt! Wir brauchen nur Gott um das zu bitten, was wir uns wünschen, und schon wird er es uns geben.

Sicherlich ist es ein Wesenszug Gottes, dass er gerne und mit Freuden segnet, aber er weiß auch, dass uns viele Dinge, die wir uns wünschen, nicht zu unserem Besten dienen würden. Weil Gott im Gegensatz zu uns immer auch die Kehrseite der Medaille im Blick hat, gibt es so manch brennenden Wunsch, den wir beharrlich und ohne Unterlass im Gebet vorbringen, der sich einfach nicht erfüllt. Darum sollten wir Davids Worte nicht als Blankoscheck vom Himmel verstehen. Anderenfalls werden wir früher oder später mit Enttäuschungen zu kämpfen haben.

Zwar verspricht uns dieser Vers volle Genüge, aber in einem anderen Sinn, als wir es zunächst denken. Wenn man Psalm 37 richtig versteht, zeigt uns dieser Text zwei Anwendungsvarianten auf. Zum einen sagt er uns zu, dass es erstaunliche Auswirkungen haben wird, wenn wir all unser Wünschen, unser Wollen und unser ganzes Sein auf Christus ausrichten. Er pflanzt Wünsche in unser Herz, die mit seinen Wünschen für unser Leben übereinstimmen. Jemand hat es einmal folgendermaßen weise ausgedrückt: »Unser Ich gleicht sich dem Objekt unseres Interesses und unseres Herzblutes an.« Wenn sich unsere Sehnsucht also auf Gott und seinen Plan für unser Leben richtet, werden unsere Wünsche mit seinen Vorstellungen für unser Leben konform gehen.

Aufgrund unserer sündigen Natur werden wir jedoch niemals ganz sicher davon ausgehen können, dass unsere Wünsche von Gott kommen und nicht unserem eigenen Fleisch entspringen. Zeit unseres irdischen Lebens werden sogar unsere scheinbar reinsten, geistlich motiviertesten Anliegen mit Sünde behaftet sein. Aber je mehr unser Denken, Wollen und Leben sich um Christus dreht, desto eher werden wir diejenigen Dinge begehren, die er uns geben möchte, so dass sich der eine oder andere Wunsch auch erfüllen wird.

Die zweite Aussage, die Psalm 37 für unser Leben enthält, betrifft unser Verhältnis zu Gott: Je mehr wir Christus suchen, desto besser werden wir ihn kennenlernen, und je besser wir ihn kennen, desto mehr werden wir von ihm wissen und in unserem Herzen festhalten und wertschätzen wollen. Er selbst ist die eigentliche Erfüllung all unserer Wünsche. Suchen Sie ihr Glück beim Herrn, und er wird die Sehnsucht Ihres Herzens stillen – er wir sich Ihnen selbst schenken. Erscheint Ihnen das irgendwie unrealistisch oder unmöglich? Halten Sie die Worte Davids vielleicht insgeheim bloß für einen Ausdruck eines geistlichen Hochgefühls? Lassen Sie sich von Ihrem Wunsch nach Glück und Zufriedenheit weder irritieren noch unangenehm berühren. Teilen Sie ihn anstatt dessen ihrem Schöpfer mit und suchen Sie dieses Glück, diese Zufriedenheit in ihm. Sie werden die Erfahrung machen, dass dieses Psalmwort ein zuverlässiges Versprechen an Sie enthält.

Blaise Pascal (1623-1662) schrieb: »Jeder Mensch strebt nach Glück. Das gilt ohne Ausnahme. Was auch immer die Menschen für unterschiedliche Wege finden mögen, so suchen sie alle dasselbe Ziel. Die Ursache der Entscheidung der einen, in den Krieg zu ziehen, und der anderen, den Krieg zu meiden, ist dieselbe Sehnsucht in ihren Herzen, die sich nur mit unterschiedlichen Ansichten paart. Unser letzter Willensakt gilt immer diesem Ziel, diesem Zweck. Das Streben nach Glück ist das Motiv allen menschlichen Handelns, selbst bei den Menschen, die hingehen und sich erhängen.«

John Piper unterschreibt Pascals Worte mit folgender biblischer Wahrheit:

> »Klingt die Suche nach dem eigenen Glück egoistisch? Sollten Christen nicht Gott suchen und nicht ihr eigenes Vergnügen? Um diese Fragen beantworten zu können, müssen wir eine grundlegende Wahrheit über das Streben nach Glück (Hedonismus) begreifen: *Unsere größte Wertschätzung gilt der Sache, über die wir uns am meisten freuen.* Nicht die Freude, sondern die Götzen machen Gott seinen Rang streitig. Unsere Freude

> offenbart, woran unser Herz hängt. ... An keiner Stelle der Heiligen Schrift verurteilt Gott Menschen dafür, dass sie nach Glück streben. Die Menschen werden dafür verurteilt, dass sie Gott verlassen und ihr Glück anderswo suchen (vgl. Jeremia 2,13).«[2]

Aus diesem Grund ist echtes, unfassbares Glück heute noch möglich – und auch Träume werden heute noch wahr.

Fuß fassen

»Er aber sprach zu ihm: ›Du sollst den Herrn, deinen Gott, lieben mit deinem ganzen Herzen und mit deiner ganzen Seele und mit deinem ganzen Verstand.‹ Dies ist das größte und erste Gebot. Das zweite aber ist ihm gleich: ›Du sollst deinen Nächsten lieben wie dich selbst.‹ An diesen zwei Geboten hängt das ganze Gesetz und die Propheten.«
Matthäus 22,37-40

Neuanfänge sind immer schwer, aber manche Menschen müssen ständig durch die Mühle des Neubeginns, sei es bedingt durch eine berufliche Veränderung, durch einen Gemeindewechsel oder eine neue Beziehung. Und jedes Mal bringt die Entwurzelung auch ein zwangsläufiges Zurücklassen von gewachsenen Beziehungen und Gewohnheiten mit sich. Auch die Eingewöhnung und das Fußfassen in einer neuen Situation ist immer ein langwieriger Prozess, der durch Einsamkeit führt. Warum legen wir es also immer wieder darauf an? Manchen Veränderungen, die unser Leben mit sich bringt, können wir uns schlichtweg nicht entziehen. Wir verlieren vielleicht unsere Arbeitsstelle, unser Ehepartner verlässt uns oder ein Familienmitglied erkrankt schwer. Oft verlassen wir Altes allerdings bewusst und suchen neue Herausforderungen, weil wir innerlich rastlos und getrieben sind. Ob wir es wahrhaben wollen oder nicht: Ständig sind wir auf der Suche nach dem nächsten Erlebnis, dem nächsten »Kick« oder einfach nach etwas Außergewöhnlichem fernab jeder täglichen Routine. Immer und immer wieder werfen wir Gewohntes über Bord, weil uns die Abwechslung mit all ihren neuen Herausforderungen in ihren Bann gezogen hat. Einsamkeit heißt die unausweichliche Folge eines solchen Lebensprinzips, und wenn es uns nicht gelingt, das entstandene Vakuum binnen kurzer Zeit zu füllen, brechen wir wieder unsere Zelte ab und begeben uns erneut auf die Suche nach einem anderen Mittel gegen innere Leere.

Nur schwerlich kommen wir bei alledem der Tatsache auf die Schliche, dass unsere Unzufriedenheit und unsere Rastlosigkeit nicht daher rühren, dass wir einen konkreten Mangel zu beklagen hätten. Und weil wir das nicht erkennen, sitzen wir dem Irrglauben auf, dass die ultimative Erfüllung unserer Träume hinter der nächsten Ecke auf uns wartet – nämlich im neuen Job, in der neuen Gemeinde, in der neuen Beziehung. Diese falsche Hoffnung hält uns immer in Bewegung. Mit tödlicher Sicherheit gebiert ein solcher Lebensstil Einsamkeit und Unzufriedenheit. Aber die Lösung der Misere liegt eben nicht in der wiederum nächsten Veränderung.

Wir haben mit Einsamkeit und Unzufriedenheit zu kämpfen, weil wir in Wahrheit nicht bereit sind zu investieren. Wir weigern uns, uns mit Haut und Haar in die Beziehung zu Gott und die Beziehung zu Menschen hineinzugeben. Weil unser Hauptinteresse der Jagd nach eigener Erfüllung und Bedeutsamkeit gilt, verpassen wir sämtliche Investitionsmöglichkeiten. Dass sich Zufriedenheit und Sinn nur dann finden lassen, wenn wir uns selbst aufgeben statt alles und jeden um uns herum, haben wir einfach noch nicht erkannt.

Sich in die Beziehung zu Gott und in Menschen zu investieren, bedeutet eine Einzahlung aufs Konto unserer Zufriedenheit, denn Gott hat uns dazu geschaffen und berufen, dass wir uns einbringen. Indem wir Beziehungen zu Menschen und Gewohntes auf der Suche nach Glück achtlos über den Haufen werfen, verlieren wir das, wonach wir uns eigentlich sehnen. Liebe – die Hingabe an Gott und an die Menschen, die er uns in den Weg gestellt hat – und Zufriedenheit gehen Hand in Hand. Nur wenn wir aufhören zu suchen und beginnen zu investieren, werden wir die Zufriedenheit finden, die unsere Rastlosigkeit zum Schweigen bringt.

Der Blick zurück

»Aber seine Frau sah sich hinter ihm um; da wurde sie zu einer Salzsäule.«
1. Mose 19,26

Als die Sonne aufging, drängten die Engel Lot zur Eile: *»Mache dich auf, nimm deine Frau und deine beiden Töchter, die hier sind, damit du nicht weggerafft wirst durch die Schuld der Stadt«* (V. 15). Wohl kaum könnte Führung deutlicher ausfallen als in dieser Situation. Gott führte Lot und seine Familie fort von zu Hause – heraus aus der Stadt Sodom. Doch Lot, seine Frau und seine Töchter stäubten sich dagegen, die Stadt zu verlassen, weil sie in ihr beheimatet und verwurzelt waren. Trotz aller Widergöttlichkeit, die sie dort umgab, und trotz der Warnung der Engel reagierten sie zögerlich.

Dieses Verhalten scheint uns nicht nachvollziehbar. Das Gebot der Stunde lag doch auf der Hand – hinaus aus der Stadt! Unentschlossen verweilten sie noch an dem Ort, dessen Annehmlichkeiten ihr Herz so schätzte. Lot und seine Familie hatten in Sodom ein nicht unbeträchtliches Maß an sozialem Ansehen genossen. Trotzdem ließ Gott es nicht zu, dass ihnen ihr Verhaftetsein in Sodoms Vorzüge zum Verhängnis wurde: *»Als er aber zögerte, ergriffen die Männer seine Hand und die Hand seiner Frau und die Hand* *seiner beiden Töchter, weil der Herr ihn verschonen wollte, und führten ihn hinaus und ließen ihn außerhalb der Stadt«* (V. 16). Lots Frau hing jedoch so sehr an ihrer Heimat Sodom, dass sich ihr Herz gegen Gott und seine Güte, die er ihr erwiesen hatte, stellte. Sie schaute sich um, blickte zurück auf Sodom und verlor dadurch ihr Leben.

Der Blick zurück – wer von uns wäre nicht versucht, ihn von Zeit zu Zeit zu wagen. Manche von uns liebäugeln vielleicht ähnlich wie im Fall von Lots Frau mit der Gesellschaft gottloser Menschen und den Vorzügen materiellen Überflusses, insbesondere dann, wenn unser Leben als Christen den Verzicht auf Dinge mit sich bringt, die wir sonst ungehindert genießen könnten. Aber oft bleibt unser Blick nicht so sehr an den Annehmlichkeiten dieser Welt hängen, sondern schweift in die Zeiten zurück, in denen alles etwas besser lief als heute. Vielleicht haben unsere Freundschaften, die wir pflegen, an Qualität und Tiefe eingebüßt oder die Lehre und der Stil der Gottesdienste in unserer Gemeinde entspricht nicht mehr unseren Vorstellungen. Wenn das Leben Schatten wirft, sind wir geneigt zurückzublicken. Und wenn unser Blick dann dort haften bleibt, geraten wir mit Sicherheit in Schwierigkeiten.

Wenn wir uns zu sehr auf das konzentrieren, was wir *hatten*, anstatt auf das, was wir *haben*, streuen wir feine Samenkörner der Unzufriedenheit in unser Herz, und wenn die Saat dann aufgeht, beginnen wir zu grübeln: *Hätte ich jemals weggehen sollen? Vielleicht wäre es besser zurückzukehren.* Und plötzlich sind wir gefangen in dem Wunsch, alte Zeiten in unserem Leben zurückzugewinnen, in denen alles »lief«. Die Antwort scheint auf der Hand zu liegen: Wir müssen dorthin zurück. Natürlich dürfen wir die Möglichkeit nie unberücksichtigt lassen, dass es ein Fehler war zu gehen und wir stattdessen hätten bleiben sollen. Aber häufig ist es genau andersherum der Fall. Ungeachtet des Grundes, warum wir gegangen sind, ist es immer Gottes Fürsorge, die uns dorthin gebracht hat, wo wir jetzt sind. *»Das Herz des Menschen plant seinen Weg, aber der Herr lenkt seine Schritte«* (Spr 16,9). Unser Weg zurück zur Zufriedenheit beginnt nicht mit Kofferpacken, egal ob unsere Entscheidung zu gehen richtig war oder nicht.

Die Veränderungen, die wir in unserem Leben vornehmen, entspringen normalerweise dem Wunsch, Dinge zu besitzen oder einzunehmen, die vor unseren Augen auftauchen – ein Erfüllung versprechender Job, mehr Lebensqualität, intensivere Beziehungen. Wenn sich unser Leben dann verändert, gibt es auch in der Tat Dinge, die besser funktionieren als vorher – aber einiges wird eben auch nicht besser. Wenn wir all unsere Energie aufbringen, um das zu erreichen, was uns unserer Meinung nach noch fehlt, verlieren wir uns im ständigen Vergleichen zwischen dem Alten und dem Neuen. Zwangsläufig werden wir dann zu der Schlussfolgerung gelangen, dass wir das Spiel so lange weiterbetreiben müssen, bis wir alles erreicht haben. Denn wenn uns noch etwas zu unserem Glück fehlt – so meinen wir –, sind wir noch nicht an dem Ort angekommen, wo Gott uns haben möchte. Also nehmen wir wieder unseren Hut und verlassen die Stätte – eine Arbeitsstelle, eine Gemeinde oder eine Beziehung – mit neuer Hoffnung im Herzen, noch etwas Besseres zu finden, nur um am Ende erneut feststellen zu müssen, dass wir immer noch nicht zufrieden sind.

Der erste Schritt, den inneren Frieden wiederzuerlangen, ist die Erkenntnis, dass Gott nicht in erster Linie führend in unser Leben eingreift, um unser irdisches Wohlergehen sicherzustellen. Wenn wir uns der Illusion hingeben, dass Gott uns um günstigerer Umstände willen aus einer bestimmten Situation weggeführt hat und wir dann auf noch schlechtere Bedingungen treffen, werden wir zwangsläufig denken müssen, dass wir seine Führung an irgendeiner Stelle missverstanden haben. Gottes leitende Hand zielt nicht in erster Linie auf unser Wohlergehen hier auf der Erde ab. Alles, was Gott tut, um unseren Weg zu ebnen und unser Leben auf dem richtigen Weg zu führen, dient einem alles überragenden Ziel: Er möchte unsere Beziehung zu ihm vertiefen und seine Herrlichkeit durch uns offenbaren. Alle Segnungen, die uns zusätzlich noch zuteil werden, sind nur noch Verzierung. Eine erfüllende berufliche Tätigkeit, gleichgesinnte Freunde und ein schönes Häuschen sind Extras. Es ist Gottes segnendes Handeln, nicht sein Ziel und seine Absicht, die er mit unserem Leben verfolgt, seit er es in seine Hand genommen und versprochen hat, es zu führen.

Unabhängig davon, wo wir uns heute befinden und wie wir dorthin gelangt sind, steht eines fest: Gott hat uns bis zu diesem Punkt in unserem Leben geführt, damit wir uns noch vollkommener an ihm freuen und Christus noch mehr Ehre bringen können. Genau dort, wo wir gerade sind, können wir Zufriedenheit finden; und wir werden sie dann erlangen, wenn wir Gott für sein fürsorgendes Handeln danken, das uns bis hierher geführt hat, auch wenn wir noch nicht erkennen können, wie er mit uns in dieser Situation zum Ziel kommen wird. »Ich danke dir,

Herr, dass du mich hierher gestellt hast, an diesen Arbeitsplatz, in diese Ehe, auch wenn ich den Grund dafür noch nicht erkennen kann. Es trägt dazu bei, meine Beziehung zu dir zu vertiefen, und weist mich und andere auf Christus hin.«

Wenn wir Gottes wichtigste und grundlegendste Absicht für unser Leben von Herzen bejahen können, werden wir imstande sein, all die zusätzlichen Gaben, die er schenkt, zu genießen und auch angesichts manch ausbleibender Segnung zufrieden zu leben. Wenn unser Herz dieses Geheimnis erfasst hat, werden wir uns vielleicht entschließen zu bleiben. Oder wir entscheiden uns, den Weg zurückzugehen. Gleich wie unsere Entscheidung auch ausfallen mag: Wir werden erfahren, dass unsere Zufriedenheit nicht damit steht und fällt, ob wir umkehren oder nicht.

Auf alles gefasst

»Geht hin, esst fette Speisen und trinkt süße Getränke und sendet dem Anteile, für den nicht zubereitet ist! Denn der Tag ist unserm Herrn heilig. Und seid nicht bekümmert, denn die Freude am Herrn ist euer Schutz!«
Nehemia 8,10

Ich weiß nicht, wie ich das alles schaffen soll!«, beklagte sich Natalie während des Frauenbibelkreises. »Es überfordert mich schon, wenn ich nur darüber nachdenke. Wir haben fünf Teenager zu Hause! Wie um alles in der Welt kommt Georgs Mutter da auf die Idee, zu uns ziehen zu wollen? Ich weiß, dass es unsere Aufgabe ist und dass Gott möchte, dass wir uns um die Mitglieder unserer Familie kümmern, aber mein Verhältnis zu meiner Schwiegermutter ist obendrein noch sehr problematisch! Ich kann mir nicht vorstellen, zusammen mit ihr unter einem Dach zu leben!«

Manchmal verlangt Gott uns wirklich Schweres ab. Natalie sieht solch eine schwierige Situation auf sich zukommen. Sie und Georg haben in der Angelegenheit hin und her überlegt und immer wieder dafür gebetet, dass Gott ihnen die optimale Möglichkeit aufzeigt, wie sie Margret im Alter versorgt wissen können. Immer mehr hatte es sich herauskristallisiert, dass sie Hilfe und Unterstützung in ihrem Alltag benötigt. Obwohl die Bibel keine konkreten Anweisungen für Margrets Altersversorgung enthält, ist Gottes Wort an dieser Stelle gleichwohl sehr klar: Als Christen sollen wir uns um die Versorgung unserer betagten Eltern kümmern.

Nach eingehender Prüfung aller für sie in Frage kommenden Optionen kamen sie zu dem Ergebnis, dass es das Beste wäre, Margret zu sich zu nehmen. Georg macht sich berechtigte Sorgen darüber, welchen Einfluss die neuen Lebensumstände auf Natalie und auf ihre Ehe haben würden. Ihm ist bewusst, dass ihre Ehe Priorität hat und insofern höher anzusiedeln ist als die neu übernommene Aufgabe der Sorge für seine Mutter. Daher will Georg Natalie den Vortritt lassen. Sie soll das letzte Wort bei der Entscheidungsfindung haben, und aus diesem Grund wirft sie das Thema im Rahmen ihres Frauenbibelkreises auf.

Einerseits spürt Natalie ihre Angst und ihre Vorbehalte, andererseits möchte sie ihrem Ehemann und ihrer Schwiegermutter ihre Liebe zeigen – und vor allem möchte sie Gott gefallen. Aus diesen Gründen entscheidet sie sich für diesen Weg. Obwohl die Entscheidung nun gefallen ist, kämpft sie noch mit der Ungewissheit darüber, wie ihr Leben angesichts dieser einschneidenden Veränderung aussehen wird.

Wir alle sehen uns dann und wann einmal mit einem Dilemma konfrontiert und stecken in Situationen, in denen wir eine Menge Unannehmlichkeiten und persönliche Nachteile in Kauf nehmen müssen, wenn wir den Weg beschreiten wollen, den uns die Bibel aufzeigt. Einige von uns befinden sich vielleicht gerade in diesem Moment in einer solchen Lage. Wie ist es möglich, einen solchen Weg, wie Natalie ihn gewählt hat, einzuschlagen, ohne ständig von unterschwelliger Furcht oder gar Ärger geplagt zu werden? Es ist möglich, wenn wir der Ursache unserer unangenehmen Empfindungen auf den Grund gehen und dann Gottes Wort Raum geben, diese Wurzel unseres unguten Gefühlszustands zu bearbeiten.

In Natalies Fall ist ihre Rolle als Hausfrau die Ursache ihrer Bedenken. Sie liebt ihr Zuhause und ihr Familienleben. Die Führung ihres Haushaltes und die Versorgung ihrer Familie hat höchste Priorität in ihrem Alltag. Ihre Bedenken entspringen ihrer Angst, dass ihr diese Aufgaben genommen werden oder deren Erfüllung ihr nicht mehr gut genug gelingt, wenn Margret erst einmal mit in ihrem Haushalt lebt. Natalie könnte ihre Ängste loslassen, wenn sie Gott den Vortritt vor ihren häuslichen Aufgaben lassen und in ihm die Quelle ihrer Freude finden würde.

Wir werden auch in den ungünstigsten Umständen bestehen und standhaft bleiben können, wenn wir auf Gott blicken, der die Quelle unserer Freude ist. Gott hat den Überblick und umgibt uns mit Liebe und Fürsorge, egal was uns widerfahren mag. *»Gott ist unsere Zuflucht und Stärke, als Beistand in Nöten reichlich gefunden«* (Ps 46,2). Manchmal führt er uns durch Schwierigkeiten hindurch, damit wir erkennen, wie viel Freude denen zuteil wird, die sich unter seinen Flügeln bergen. Mitten in unserem Kampf werden wir jedoch auch eine andere Entdeckung machen: Wir bekommen die Kraft und Stärke geschenkt, die wir benötigen, um das Unmögliche zu vollbringen. Es ist die Stärke, die der Freude am Herrn entspringt, die uns zu Außergewöhnlichem befähigt.

Befinden Sie sich gerade heute in einer solch schwierigen Situation? Wenn dem so ist, dann gebe ich Ihnen einen Rat: Freuen Sie sich im Herrn, so sehr Ihre Gefühle zunächst auch widersprechen mögen. Und die Freude im Herrn beginnt dort, wo man ihm Dank entgegenbringt – auch für die Dinge, die uns Mühe und Kummer bereiten. Das dankbare Herz erkennt, dass Gott seine gute Hand im Spiel hat, auch wenn der Sinn des Ganzen noch im Verborgenen liegt. Beginnen Sie, dankbar zu sein, dann wird sich die Freude ganz sicher einstellen. Und schließlich werden wir auch die Kraft spüren, die wir brauchen, um mit unseren Lebensumständen fertig zu werden, eine Lebenskraft, mit der wir niemals gerechnet hätten.

Vorsicht Selbsttäuschung!

»Als ich schwieg, zerfielen meine Gebeine durch mein Gestöhn den ganzen Tag. Denn Tag und Nacht lastete auf mir deine Hand; verwandelt wurde mein Saft in Sommergluten.«
Psalm 32,3-4

Das bisschen Maßlosigkeit, der winzige, aber verborgene Keim der Bitterkeit, die wohlgetarnte Abneigung gegen den Nachbarn – ist das denn wirklich so schlimm? »Ich bin einfach noch nicht so weit, diese Punkte in meinem Leben anzugehen«, so lautet unsere Entschuldigung. »Für Gottes Gnade ist kein Abgrund zu tief.« Solch ein Denken ist gefährlich. Alle unsere Sünden sind in Wahrheit schlimmer als wir meinen. In Gottes Augen gibt es keine kleinen Sünden, und es wäre ein falsches Bild von der Gnade Gottes, so zu denken. Wenn der Herr uns auf eine Sünde in unserem Leben aufmerksam macht, die wir bewusst tolerieren, und wir halten weiter an ihr fest – möglicherweise unter Berufung auf das Wort aus Römer 5,20: *»Wo aber die Sünde zugenommen hat, ist die Gnade überreich geworden«* – so liegt darin ein Missbrauch der göttlichen Gnade. Weil in Gottes Wesen sowohl Liebe als auch Heiligkeit in vollkommener Form vereint sind, wird er diesem Missbrauch nicht endlos zusehen. Früher oder später werden die verborgene Sünde und unsere eigene Unbußfertigkeit schwer auf uns lasten. Wenn wir nicht bereit sind, uns mit der Sünde in unserem Leben auseinanderzusetzen, werden wir ständig nach anderen Begründungen für den Druck suchen, den wir auf unseren Schultern spüren.

»Ich bin diese Woche leicht reizbar, weil meine Hormone nicht im Gleichgewicht sind.«

»In den letzten Wochen war ich oft sehr niedergedrückt. Ich kann einfach nichts daran ändern. Ich glaube, ich bin urlaubsreif. So viel Arbeit und viel zu wenig Freizeit ...«

»Mit meiner Stillen Zeit lief es in letzter Zeit nicht so gut. Meine Beziehung zu Gott lässt zu wünschen übrig. Das liegt bestimmt daran, dass ich viel zu beschäftigt bin. In ein bis zwei Wochen wird alles ein bisschen ruhiger, dann nehme ich mir wieder Zeit für Gottes Wort.«

Sicherlich schaden wir nicht nur uns selbst, sondern wir betrüben auch Gott, wenn wir unter einem gefühlten Berg von Schuld in die Knie gehen, weil wir befürchten, dass jeder kleine Kummer und jede schlechte Stimmung eine Folge verborgener Sünde ist. Solch eine Haltung rechnet schlichtweg gar nicht mit der Gnade Gottes. Jedoch neigen wir wohl meistens dazu, von der anderen Seite vom Pferd zu fallen und verharmlosen unsere Sünde eher, als dass wir sie aufbauschen. »Die häufigste Ursache für Leiden – sei es physischer, psychischer oder emotionaler Natur – ist sicherlich der Ungehorsam«, schreibt Elisabeth Elliot. »Wenn sich die Seele, die vor der Entscheidung zwischen Gut und Böse steht, entschließt, die

Grenze zwischen diesen beiden zu verwischen und Ausflüchte für ihren Zustand der Verwirrung und Enttäuschung zu suchen, gibt sie ihre Immunisierung auf und macht sich selbst anfällig für Krankheiten.«[3]

Gott ist treu, und er wird uns seine Gnade nicht endlos missbrauchen lassen. Immerhin steht nichts Geringeres als seine Ehre und die Wertachtung des Opfers Jesu Christi auf dem Spiel, dem wir durch unser Verhalten Geringschätzung entgegenbringen. Darüber hinaus weiß er, dass wir einen Keil zwischen uns und ihn treiben, indem wir an unseren kleinen, heimlichen Sünden festhalten. Waren Sie in letzter Zeit unglücklich? Wenn ja, haben Sie einmal in Ihrem Herzen und Ihrem Leben nachgeforscht, ob es dort etwas gibt, was Gott missfällt und was Sie gleichwohl nicht loslassen wollen, mag es noch so klein sein? Wir sind schnell bei der Hand, wenn es darum geht, den Einfluss verschwiegener Sünde auf unsere Stimmung und unsere Befindlichkeit kleinzureden, hauptsächlich deshalb, weil wir uns der Tatsache nicht stellen wollen, dass sie die wahre Ursache dafür sein könnten. Jede andere mögliche Ursache ist uns dann äußerst willkommen, und wir unternehmen so manchen Kunstgriff in unserem Alltag als Versuch, unsere Zufriedenheit wiederzuerlangen.

Die Identifizierung heimlicher Sünde als Grund für unsere Unzufriedenheit ist nicht so schwierig, wie wir vielleicht denken. In Wirklichkeit ist es ein sehr schlichter Prozess. Zunächst wäre die Frage zu stellen, ob Sie etwas in Ihrem Leben dulden, was ganz klar der Heiligen Schrift widerspricht, oder ob Sie die Bibel an Ihre Bedürfnissen anpassen, indem Sie sie verdrehen oder die Nuancen der biblischen Aussagen über Gehorsam verwischen. Zweitens könnte es ein Indiz sein, dass Ihr Gewissen aufgewühlt ist, selbst wenn Sie schon andere Begründungen dafür gefunden haben mögen. Wenn beides zutrifft, sollten Sie die Angelegenheit im Gebet bewegen. Sprechen Sie mit Ihrem Pastor, einem Ältesten oder mit einer geistlich reifen Freundin darüber. Zwar ist unser Gewissen nicht in allen Fällen ein absolut zuverlässiger Navigator, aber wenn es dauerhaft belastet ist, dann können wir davon ausgehen, dass etwas aus dem Lot geraten ist. Jonathan Edwards hat einmal gesagt: »Ein Mensch wird niemals und unter keinen Umständen irgendetwas unternehmen, was seinen eigenen Sehnsüchten entgegensteht.« Wenn wir versuchen, Frieden mit der Sünde zu schließen, dann können wir davon ausgehen, dass Gott früher oder später darauf reagieren wird.

Bevor Sie also Ihr Leben darauf einrichten, sich ein neues Medikament vom Arzt holen oder einen schuldigen Dritten suchen, befassen Sie sich einmal mit dem Punkt, mit diesem einen kleinen Punkt, den Sie neulich noch als Lappalie abgetan haben. Bringen Sie die Sache vor Gottes Angesicht mit der inneren Bereitschaft, sie wirklich vor seinen Augen auszubreiten. Teilen Sie ihm Ihre Bereitschaft mit, diese Sache in der Kraft anzugehen, die er Ihnen verleihen wird. Sie werden erleben, wie Zufriedenheit beginnt, in Ihrer Seele Einzug zu halten, noch bevor Sie sich von Ihren Knien erhoben haben. Das ist es, was David, der Schreiber des 32. Psalms, tat, und er machte dabei die folgende Erfahrung:

»So tat ich dir kund meine Sünde
und deckte meine Schuld nicht zu.
Ich sagte: Ich will dem HERRN meine
Übertretungen bekennen; und du, du
hast vergeben die Schuld meiner Sünde.
Deshalb soll jeder Fromme zu dir beten,
zur Zeit, da du zu finden bist; gewiss,
bei großer Wasserflut – ihn werden sie
nicht erreichen. Du bist ein Bergungsort
für mich; vor Bedrängnis behütest du mich;
du umgibst mich mit Rettungsjubel.«
Psalm 32,5-7

Unser Grundbedürfnis nach Hoffnung

»Ach, wenn ich mir nicht sicher wäre, das Gute des Herrn zu schauen im Land der Lebendigen …!«
Psalm 27,13

Zufriedenheit ist eine Willensentscheidung, auch wenn es manchmal schwerfällt, das zu glauben. Es ergibt einfach keinen Sinn. Alles würden wir darum geben, die Angst abzustreifen, die uns umgibt und uns lahmlegen will. Doch jeder Versuch, uns selbst am eigenen Schopfe aus dem Sumpf zu ziehen, ist zum Scheitern verurteilt. Wir brauchen eine Antwort; wir brauchen Hilfe von außen. Und dort, wo wir sie nicht bekommen, kann sich aus dem, was als harmloses Gefühl von Bedücktsein begann, irgendwann eine Depression entwickeln, die dann zur Entmutigung und schließlich in die Verzweiflung führt. Und jede Runde der Abwärtsspirale dreht sich um ein- und dieselbe Achse: den Hoffnungsverlust. Mit jeder Runde, die wir drehen, und jeder Etage, die wir tiefer sacken, stirbt ein bisschen Hoffnung.

Der Apostel Paulus schreibt: *»Nun aber bleibt Glaube, Hoffnung, Liebe, diese drei; die größte aber von ihnen ist die Liebe«* (1Kor 13,13). Da diese Worte in einem Zusammenhang auftauchen, in dem Paulus sein Hauptaugenmerk auf die Liebe legt, werden an dieser Stelle oft die Worte *Glaube* und *Hoffnung* übersehen. Jedoch ist jeder Aspekt dieser Dreierkombination von elementarer Bedeutung, sowohl für unseren Wandel mit dem Herrn als auch für unsere geistliche und emotionale Gesundheit. Wenn wir mit einem Mangel an Zufriedenheit zu kämpfen haben, könnte es vielleicht einen parallel entwickelten Verlust von Hoffnung in unserem Herzen geben? Solange sich die Hoffnung noch nicht verabschiedet hat, sind wir auf der sicheren Seite. Der Schlüssel unseres Bemühens wider allen Hoffnungsverlust ist schlichtweg das Setzen auf das richtige Pferd. Wenn wir unsere Hoffnung auf etwas richten, das wir uns in diesem Leben wünschen – und mag es an sich noch so gut sein –, könnte das unsere Hoffnung stark gefährden, denn niemand garantiert uns, dass unser Wunsch hier und heute in Erfüllung geht. Es gibt nur eines, das uns wirklich sicher ist, und das ist Gottes Gegenwart und die mit ihr einhergehenden Segnungen. Unsere Hoffnung wird eine tiefe Erfüllung erleben, wenn sie darauf gerichtet ist, Christus besser kennenzulernen. Unsere Hoffnung wird nicht zuschanden, wenn sie von dem Wunsch nach inniger Beziehung mit unserem himmlischen Vater beflügelt wird. Unser Hoffen wird keine Enttäuschung erleben, wenn wir uns nach Freiheit von der Knechtschaft der Sünde sehnen. Wir dürfen unser ganzes Hoffen auf die Dinge setzen, die Gott uns in seinem Wort versprochen hat. Paulus hatte dieses Geheimnis klar vor Augen, als er schrieb: »*... dass der Gott unseres Herrn Jesus Christus, der Vater der Herrlichkeit, euch gebe den Geist der Weisheit und Offenbarung in der Erkenntnis seiner selbst. Er erleuchte die Augen eures Herzens, damit ihr* *wisst, was die Hoffnung seiner Berufung, was der Reichtum der Herrlichkeit seines Erbes in den Heiligen (... ist)«* (Eph 1,17-18).

Das bedeutet jedoch nicht, dass wir keine Antworten mehr auf unsere Gebete erwarten dürfen, die eher weltliche Belange betreffen. Weit gefehlt! Wir haben einen Gott, der gerne segnet. Wir haben einen Gott, der sein Wesen zu offenbaren pflegt, indem er seine Allgenügsamkeit für alle unsere Bedürfnisse unter Beweis stellt und uns zeigt, dass er sich selbst um die Schreie kümmert, die tief aus unserem Herzen kommen. Es ist gut und richtig, wenn wir mit Gottes Antworten auf all unsere Gebete rechnen. Weil David im Angesicht dieser Hoffnung lebte, verzweifelte er nie – selbst nicht in den ganz schwierigen Zeiten. Folgendes schrieb James Boice über Davids Worte in Psalm 27:

> »David spricht hier nicht vom Leben nach dem Tod. Er spricht vom ›*Land der Lebendigen*‹, vom Hier und Jetzt. Aber ... die Dinge, worum er bittet (und um die wir bitten), stellen sich nicht immer sofort ein. Gott hat seinen eigenen Zeitpunkt, der nicht unbedingt mit unserem übereinstimmt; deswegen erscheinen uns die Antworten auf unsere Gebete und Bedürfnisse oft verspätet. Was sollen wir tun? Verzweifeln und die Hoffnung aufgeben? Nein! Wir müssen nur warten.«[4]

All unser Bemühen ist darauf gerichtet, im Glauben und in der Liebe zu wachsen. Vergessen Sie die Hoffnung nicht. Lassen Sie ihren Funken nicht erlöschen. Kämpfen Sie um Hoffnung, beten Sie darum und setzen Sie sie vor allem in Gott und in nichts anderes. Wenn Sie sich für die Hoffnung entscheiden, entscheiden Sie sich für die Zufriedenheit.

Im Angesicht des Leids

»Jetzt freue ich mich in den Leiden für euch und ergänze in meinem Fleisch, was noch aussteht von den Bedrängnissen des Christus für seinen Leib, das ist die Gemeinde.«
Kolosser 1,24

Der Apostel Paulus wusste, was Leiden heißt. Er wurde misshandelt, geschlagen, verworfen und war heimatlos, weil er ein klares öffentliches Zeugnis für Christus hatte. Wenn wir von Paulus oder von anderen Christen hören, die Ähnliches erdulden müssen, dann geht uns das Wort *Leiden* im Zusammenhang mit den Schwierigkeiten unseres Alltags nicht mehr so leicht von den Lippen. Vieles, was wir als Bedrängnis empfinden, erscheint dagegen eher trivial, und oftmals ist es das auch. Trotzdem hilft uns diese Erkenntnis, die uns aus dem Vergleichen erwächst, nicht wirklich weiter, wenn wir verletzt sind. Wir fühlen uns nicht gleich besser, wenn wir daran denken, dass es Paulus noch härter getroffen hat. Doch in gewisser Hinsicht kann uns das Leiden des Paulus helfen, mit unserem Leid besser fertig zu werden.

Paulus berichtet von echter Freude mitten im Leid. Wie kann das gehen? Er freute sich, weil er sah, dass er durch sein Leiden anderen Christus nahebringen konnte. Das meint er auch, wenn er schreibt, dass er *ergänzt in seinem*

Fleisch, was noch aussteht von den Bedrängnissen des Christus. Das irdische Leben Jesu war von Leiden durchzogen, und jetzt, da er die Erde verlassen hat, darf Paulus durch sein Leiden Christus repräsentieren. Die Tatsache, dass Paulus durch sein Leben im Leid etwas für seinen geliebten Heiland tun konnte, erfüllte ihn mit Freude. In seinen Augen stellte Leiden ein Vorrecht dar.

Ich bewundere Paulus. Sie auch? Hand aufs Herz: Wer von uns denkt so wie er? Vielleicht der eine oder andere, doch die Mehrheit empfindet anders. Aber wir können ein solches Denken mehr und mehr annehmen, wenn Christus unser einziges Ziel im Leben ist. Dann werden wir Paulus' Worte besser nachvollziehen können, als wir es je gedacht hätten. Interessanterweise ist es manchmal leichter, tief empfundene Freude zu erfahren, wenn man in einer ernsten Krise steckt. Denn in solchen Zeiten erhalten wir die Extraportion Kraft und Gnade, den Trost in Bedrängnissen, der uns in Gottes Wort verheißen wird. Paulus schrieb: »*Gepriesen sei der Gott und Vater unseres Herrn Jesus Christus, der Vater der Erbarmungen und Gott allen Trostes, der uns tröstet in all unserer Bedrängnis, damit wir die trösten können, die in allerlei Bedrängnis sind, durch den Trost, mit dem wir selbst von Gott getröstet werden*« (2Kor 1,3-4).

Natürlich kennen wir die Probleme und Sorgen, die uns zuweilen bis ins Mark erschüttern und uns täglich einen geistlichen und emotionalen Kraftakt abverlangen, die wir jedoch nur zögerlich als *Leiden* bezeichnen würden. Aber jede dieser Situationen bietet uns eine Gelegenheit, den Segen zu erfahren, von dem Paulus hier spricht.

Die alleinstehende Frau, die sich so sehr einen Ehemann wünscht, aber weit und breit keinen geeigneten

Kandidaten ausmachen kann; das Ehepaar, das sich nach einem Kind sehnt, aber keines bekommen kann; die Frau, die mit einem ungläubigen Mann verheiratet ist und jeden Sonntag alleine im Gottesdienst sitzt. Das sind Varianten des Leidens, denen wir jedoch lieber jetzt als gleich entfliehen möchten, weil sie uns auf Dauer in die Knie zwingen, entmutigen und unseren Glauben erschüttern. Gleichwohl sind es genau diese Situationen, die ungeahnte Möglichkeiten in sich bergen, weil die Menschen um uns herum unseren Umgang damit beobachten. Meine ungläubigen Verwandten sehen, wie ich mit meinem Singledasein umgehe. Beklage ich mich in aller Bitterkeit über mein Schicksal und investiere all meine Energie in den Versuch, einen Partner zu finden? Dann werde ich die Gelegenheit verpassen, Zeugnis über die Vertrauenswürdigkeit, die Treue und die Güte Gottes abzulegen, was natürlich nur möglich ist, wenn ich diesen Wesensmerkmalen Gottes von Herzen glaube, selbst dann, wenn ich mein Leben als Alleinstehende meistern muss. Kinderlose Ehepaare und einsame Ehefrauen können diese Gelegenheit ebenfalls beim Schopfe fassen. Unsere Umgebung registriert genau, wie wir mit unserem Schmerz fertig werden. So schwer es auch fällt, solche Situationen für sich anzunehmen, so schwer wiegt jedoch die Tatsache, dass Christus mehr durch unseren Umgang mit Leid als durch unseren Umgang mit Erfolgserlebnissen geoffenbart wird.

Wenn wir bereit sind, um dieser Tatsache willen Leid in Kauf zu nehmen – als Gesandte Jesu Christi – werden wir inneren Frieden mitten in der Bedrängnis finden, unabhängig davon, ob sie schon morgen oder erst übermorgen zu Ende geht. Vielleicht wird jemand, den Sie lieben, durch das, was er an Ihnen heute beobachten kann, zum lebendigen Glauben kommen. Und zweifellos werden die Menschen um Sie herum, die ebenfalls mit Leid zu kämpfen haben, ermutigt werden.

An wen wenden Sie sich, um Antworten auf die schmerzvollen Geheimnisse Ihres Lebens zu finden? Wahrscheinlich suchen Sie sich jemanden aus, der selbst Erfahrung mit Leiden gemacht hat. Irgendwann kommt der Punkt, an dem wir erkennen, dass uns das Aushalten und Ertragen leidvoller Zeiten ein Maß an Weisheit und Einblick in die Zusammenhänge des Lebens gewährt, wie wir es auf keine andere Art erlangen können. Das ist es auch, wonach wir suchen, wenn wir in Problemen stecken; und danach suchen auch andere in uns, wenn sie mit Schwierigkeiten kämpfen. Eben durch die jeweiligen Umstände, unter denen wir gerade zu leiden haben, formt Gott uns zu Werkzeugen der Weisheit und der Ermutigung. Das ist ein Privileg, und wenn wir es auch für uns persönlich als Privileg betrachten können, sind wir unterwegs auf der Straße der Zufriedenheit – auch in notvollen oder entbehrungsreichen Zeiten.

Der verhängnisvolle Tausch

»Sowohl erniedrigt zu sein, weiß ich, als auch Überfluss zu haben, weiß ich; in jedes und in alles bin ich eingeweiht, sowohl satt zu sein als auch zu hungern, sowohl Überfluss zu haben als auch Mangel zu leiden. Alles vermag ich in dem, der mich kräftigt.«
Philipper 4,12-13

Der Wunsch nach den angenehmen Dingen des Lebens ist ganz natürlich. Gleichwohl macht es einen Unterschied, aus welcher Motivation heraus wir diesen Wunsch hegen. Haben wir gute und nachvollziehbare Gründe, oder wollen wir etwas haben, weil alle es haben? Unser Herz ist nicht immer einfach zu durchschauen, und nur Gott allein hat den klaren und ungetrübten Einblick. Doch auch wir können unseren Motiven etwas auf die Schliche kommen, wenn wir einmal bewusst und selbstkritisch darauf achten, welche Umstände unsere Wünsche auslösen. Wir waren mit unserer Eigentumswohnung ganz zufrieden, bis wir Sarah einen Besuch in ihrem Einfamilienhaus abstatteten. Wir waren mit unserem Singledasein ganz zufrieden, bis Alex sich Hals über Kopf verliebte und auch gleich verlobte. Wir waren mit unserer 2+ als Aufsatznote ganz zufrieden, bis wir feststellen mussten, dass Jana eine Eins geschrieben hat. Sich ein schönes Haus, einen Ehemann und Erfolg in unseren Aufgaben zu wünschen, ist gut und legitim. Ist jedoch das Gefühl, zu kurz zu kommen oder leer auszugehen, Quelle dieser Wünsche, so nennt man es schlicht und ergreifend Habgier.

Diejenigen von uns, die sich der Gefahr der Habgier bewusst sind, versuchen ein solches Verhalten zu vermeiden. Eine schnell und einfach zu handhabende Maßnahme, die sich dafür anbietet, ist die gedankliche Auflistung all derer, die weniger haben als wir. Diese Methode wird uns häufig durch Kommentare von Freunden nahegelegt, die es ja unbestritten gut meinen:

»Natürlich wohnst du nur in einer kleinen Etagenwohnung, aber du hast mehr Platz für dich allein als die meisten Familien auf dieser Welt.«

»Ich kann mir ja vorstellen, dass dein Job dich manchmal langweilt, aber wenigstens bist du nicht arbeitslos wie Hanna.«

»Vielleicht ist es manchmal frustrierend, Tag für Tag in ein leeres Haus zurückzukehren, aber immerhin musst du dir nicht wie Christine die Mühe machen, jeden Abend eine warme Mahlzeit für die ganze Familie auf den Tisch zu bringen.«

Zwar dienen solche Vergleiche durchaus dazu, dass wir die Segnungen in unserem Leben wieder bewusst wahrnehmen und Dankbarkeit in unserem Herzen empfinden, aber sie bergen die Gefahr, dass uns die so gewonnene positivere Sicht unseres eigenen Lebens vom Regen in die Traufe bringt: Wir tauschen Habgier gegen Stolz. Wir schlagen in diesen Tausch ein, wenn wir versuchen, uns selbst dadurch besser zu fühlen, indem wir uns vor Augen führen, dass jemand anderes Mangel an etwas hat, das wir selbst besitzen. Ein solches Vorgehen beobachten wir bei keinem der Apostel. Paulus, dessen Ausführungen über Zufriedenheit unsere Auffassung zu diesem Thema stark prägen, hat uns niemals gesagt, dass wir mit dem zufrieden sein sollen, was wir haben, weil andere noch weniger haben. Er hat eben nicht gesagt: »In jedes und in alles bin ich eingeweiht, sowohl satt zu sein als auch zu hungern, sowohl Überfluss zu haben als auch Mangel zu leiden. Ich kann das alles ertragen, weil ich es immerhin noch besser habe als Petrus, Jakobus oder Johannes.« Er zieht seine Vergleiche niemals auf horizontaler, sondern immer auf vertikaler Ebene. Christus war seine Quelle und das Geheimnis seiner Zufriedenheit.

Wir werden immer mit dem Finger auf Menschen zeigen können, denen es schlechter geht als uns. Ebenso wird es auch immer Menschen geben, die es besser getroffen haben. Der Einsatz solcher Vergleichsmethoden als Signalgeber für Zufriedenheit ist und bleibt ein Nullsummenspiel. Der einzige Grund, warum wir trotz unerfüllter Wünsche zufrieden leben können, ist Christus, der uns dazu befähigen kann. Er schöpft aus seiner Fülle und versorgt uns mit dem, was wir hier und jetzt brauchen. Eine Lektion, die Paulus uns lehrt, ist die Tatsache, dass man Zufriedenheit lernen kann. Wenn wir also um Zufriedenheit ringen oder darum kämpfen, dass sie uns nicht abhanden kommt, so dürfen wir uns nicht entmutigen lassen. Der Frieden wird unser Herz mehr und mehr erfüllen, wenn wir ihn auf eine Art und Weise suchen, die uns die Bibel zeigt.

Werfen wir einen Blick auf die Kehrseite, so stellen wir fest, dass es ebenfalls die Kraft Jesu Christi ist, die uns befähigt, mit erfüllten Wünschen angemessen umzugehen und zu leben. Wir sind auf Gnade angewiesen, um unsere Befriedigung nicht daraus zu ziehen, dass wir etwas haben, was andere nicht haben. Auch Paulus musste lernen, Zufriedenheit auch angesichts des Überflusses zu bewahren: *»In jedes und in alles bin ich eingeweiht, sowohl satt zu sein als auch zu hungern, sowohl Überfluss zu haben als auch Mangel zu leiden.«* Seitdem er Christ geworden war, hatte er die Tatsache erkannt, dass er selbst nichts verdient hatte. Er hatte keinerlei Recht oder Anspruch auf irgendetwas. Diese Wahrheit trifft auch auf uns zu, und wenn wir das einmal erkannt haben, wird unser Blick nicht mehr durch das gehalten, was wir entbehren, weil wir vielmehr dankbar sind für das, was wir haben.

Garantiert sättigend

»Glückselig, die nach der Gerechtigkeit hungern und dürsten, denn sie werden gesättigt werden.«
Matthäus 5,6

Nicht ohne Grund ist der Rolling Stones-Hit *Satisfaction* die Nummer 1 der größten *Rock and Roll-Songs* aller Zeiten.

I can't get no satisfaction.
I can't get no satisfaction.
'Cause I try an I try an I try and I try.
I can't get no satisfaction.

Die nachhaltige Beliebtheit dieses Titels liegt wohl daran, dass er den Zustand des Menschen auf den Punkt bringt. Wir mühen uns ab, aber wir finden keinen Frieden für unsere Seelen und werden nicht satt. Der Text trifft ins Schwarze, was den Zustand der Menschheit betrifft, doch er ist unzutreffend in Bezug auf den Zustand des erlösten Menschen. Zufriedenheit ist für jeden greifbar, der weiß, wo er suchen muss. Tiefe und anhaltende Zufriedenheit sind nur in Christus zu finden. Und um die Zufriedenheit, die er schenkt, zu behalten, müssen wir uns nicht wieder und wieder und wieder abmühen. Sie wird all denen vollkommen zuteil, die sie in ihm suchen.

Manchmal sind wir trotzdem auf der Suche nach Zufriedenheit, weil eben unser suchender Blick viel zu niedrig ansetzt. Wir wollen immer das Optimum – in Bezug auf unseren Job, unsere Beziehungen, unsere Gemeinde, unser soziales Umfeld, unser Zuhause. Manchmal glauben wir, das Perfekte gefunden zu haben, merken jedoch schnell, dass alles nicht so perfekt ist, wie wir gehofft hatten – und begeben uns wieder in die alte Tretmühle.

Die Sehnsucht nach Erfüllung ist kein sündiger Wunsch, sondern Gott hat sie in uns hineingelegt! Wir erleben diesen Wunsch in erster Linie deshalb so stark, weil Gott uns auf Erfüllung und Zufriedenheit hin geschaffen hat. Aber weil wir Sünder sind, tendieren wir dazu, uns von dem Ort abzuwenden, wo wir Zufriedenheit im wirklichen Sinne finden können. Der einzige Weg zur Rückkehr an die Quelle der Zufriedenheit ist Christus. In ihm haben wir Gemeinschaft mit Gott und sind in der Lage, die Zufriedenheit zu erleben, für die wir ursprünglich geschaffen wurden. Das hat Jesus damit gemeint, als er sagte, dass diejenigen, die nach der Gerechtigkeit hungern und dürsten, gesättigt werden würden.

Die Gerechtigkeit, von der Jesus hier spricht, meint nicht das Einhalten von gesetzlichen Normen. Dieses Wort Jesu würde sicher nicht unser Interesse wecken, wenn es ein Aufruf wäre, eine Liste mit Ge- und Verboten zusammenzustellen. Seine Worte »glückselig, die nach der Gerechtigkeit hungern und dürsten« betreffen vielmehr seine eigene Person. *»Aus ihm aber kommt es, dass ihr in Christus Jesus seid, der uns geworden ist Weisheit von Gott und Gerechtigkeit und Heiligkeit und Erlösung«* (1Kor 1,30). Wenn wir nach ihm hungern und dürsten, verheißt uns die Bibel, dass wir satt werden. Alles andere, was darunter angesiedelt ist und wonach wir so oft trachten, ist nicht das Vollkommene, das wir in Wirklichkeit suchen. Wir meinen nur, Zufriedenheit aus den perfekten Umständen ziehen zu können. Zufriedenheit ist das, wonach sich unser Herz sehnt.

»Alles gut und schön«, mögen Sie jetzt denken. »Das klingt ja in der Theorie ganz einleuchtend, aber wie setze ich das in die Praxis um?« Wenn wir ehrlich zu uns selbst sind, müssen wir zugeben, dass unser Hunger nach anderen Dingen oft größer ist als der Hunger nach Jesus. Aber das Ziel der Zufriedenheit zu erreichen, ist eigentlich nicht schwer. Wenn wir Gott bitten, unser Herz mit Sehnsucht nach Jesus zu füllen, dann wird er dieser Bitte mit Sicherheit nachkommen. Er wird einen Weg finden, uns unsere Bedürftigkeit offenzulegen und uns klar zu machen, dass wir Christus brauchen. Dazu gebraucht Gott oftmals die Methode, einen Menschen sich selbst auszusetzen. Glauben Sie mir: Sobald wir eine Ahnung davon bekommen, wer wir wirklich sind, werden uns die Augen für unsere Bedürftigkeit geöffnet. Gott wird uns aber ebenso wenig im Unklaren darüber lassen, wer er wirklich ist, und was wir dann zu sehen bekommen, wird uns zu ihm hin ziehen. Fragen Sie ihn einfach. Sagen Sie ihm, dass Sie sich mit seinen Augen betrachten möchten, und bitten Sie ihn um eine klarere Erkenntnis der Person Jesu. Ihr Hunger nach Gott wird mit Sicherheit zunehmen.

Aber Gott lehnt sich nicht zurück und wartet, bis wir kommen und ihn fragen. Eben die Sehnsucht nach Zufriedenheit, die unser Innerstes regiert, ist ein deutlicher Hinweis darauf, dass er bereits begonnen hat, mit unserem Herzen zum Ziel zu kommen.

Bis zum Rand gefüllt

»Die Frau spricht zu ihm: ›Herr, gib mir dieses Wasser, damit mich nicht dürste und ich nicht hierher komme, um zu schöpfen.‹«
Johannes 4,15

Als Jesus eines heißen Tages an einem Brunnen saß, kam eine Frau dorthin, um Wasser zu schöpfen. Das war ungewöhnlich. Normalerweise kamen die Frauen in den frühen Morgenstunden, bevor die Mittagshitze ihr Vorhaben unnötig erschwerte. Trotzdem hatte diese Frau den Zeitpunkt mit Bedacht gewählt. Sie hatte abgewartet, bis alle anderen gekommen und wieder gegangen waren, um sich deren Spott zu entziehen. Diese Frau war eine soziale Außenseiterin. Durch ihre turbulente Vergangenheit zog sich die Unmoral wie ein roter Faden, und ihr gegenwärtiger Lebensstil war nicht vorbildlicher.

Gleichwohl wartete Jesus auf sie. Er hatte in erster Linie am Brunnen angehalten, um sie zu treffen. Er wusste, dass sie kommen würde. Und er kannte ihre tiefe Sehnsucht nach wahrer Liebe, Geborgenheit und Anerkennung. Die Frau war jahrelang auf der Suche gewesen. Der Durst war geblieben, das Ersehnte fand sie nicht. Zu dem Zeitpunkt, als Jesus auf sie traf, hatte sie schon fünf Ehemänner hinter sich und lebte mit einem Mann zusammen, mit dem sie nicht verheiratet war. Ihr einsamer Gang zum Brunnen offenbart ihr großes Schamgefühl, doch ihre Sehnsucht hält sie in ihrem unmoralischen Lebensstil gefangen.

Heutzutage sieht es in den Herzen der Frauen nicht viel anders aus. Auch wir sehnen uns nach Liebe, Geborgenheit und Zugehörigkeit. Einige von uns haben auf der Suche nach Erfüllung denselben Weg beschritten wie die samaritische Frau und sind ähnlich verletzt, einsam und immer noch durstig. Vielleicht gehören auch Sie dazu. Möglicherweise sind Sie momentan in einem Teufelskreis gefangen und hangeln sich von einem Mann zum anderen, getrieben von einer erbärmlichen Angst vor Einsamkeit. Oder wenn es nicht Ihre gegenwärtige Situation beschreibt, so trifft es vielleicht auf Ihre Vergangenheit zu, und die Scham der Erinnerung daran behindert Ihre Fähigkeit zur Intimität. Wenn ja, dann sucht Jesus Sie genauso, wie er die Frau in Samaria gesucht hat.

Jesus bat die Frau um etwas zu trinken, und sie wunderte sich, dass er überhaupt mit ihr sprach. Sie war nicht nur eine moralisch verwerfliche Außenseiterin, sie gehörte auch zu den verhassten Samaritern, mit denen die Juden nichts zu tun haben wollten. Aber Jesus sagte zu ihr: *»Wenn du die Gabe Gottes kenntest und wüsstest, wer es ist, der zu dir spricht: Gib mir zu trinken! so hättest du ihn gebeten, und er hätte dir lebendiges Wasser gegeben. .... Wer aber von dem Wasser trinken wird, das ich ihm geben werde, den wird nicht dürsten in Ewigkeit«* (Joh. 4,10.14). Das war alles, was sie tun musste – bitten –, und sie würde empfangen.

Die Frau verstand nicht, was Jesus ihr in Wahrheit anbot. Sie klammerte sich an das, was er sagte, weil sie hoffte, er könne ihr Leben ein wenig leichter machen. Genauso sind wir! Aber Jesus wollte ihr viel mehr schenken. Er war gekommen, um sie aus ihrem selbstgebauten Gefängnis zu befreien und ihren Durst zu stillen, der sie bisher nur dazu getrieben hatte, ihr Leben vor die Wand zu fahren.

Damit sie die Fülle dessen erkannte, was er für sie bereit hatte, brachte er ihre tiefste Sehnsucht ans Licht:

»Er spricht zu ihr: Geh hin, rufe deinen Mann und komm hierher! Die Frau antwortete und sprach zu ihm: Ich habe keinen Mann. Jesus spricht zu ihr: Du hast recht gesagt: Ich habe keinen Mann; denn fünf Männer hast du gehabt, und der, den du jetzt hast, ist nicht dein Mann; hierin hast du wahr geredet« (Joh 4,16-18).

Worauf richtet sich Ihre tiefste Sehnsucht? Unabhängig davon, wie Ihre Antwort ausfällt, möchte Jesus Ihnen gerade dort begegnen, und genau dort werden Sie ihn finden.

Er versprach der Samariterin etwas, das ihre Sehnsucht stillen würde, wie es nichts anderes vermag, und dasselbe Versprechen gibt er uns. Wonach und wo suchen Sie? Alles, was Ihr Herz begehrt, finden Sie an ein und demselben Ort.

Hungrige Herzen

»Jesus sprach zu ihnen: Ich bin das Brot des Lebens: Wer zu mir kommt, wird nicht hungern, und wer an mich glaubt, wird nie mehr dürsten.«
Johannes 6,35

Während Krankheiten wie AIDS, Malaria und andere oft besonders in weniger privilegierten Länder grassieren, hat eine der furchtbarsten Plagen aller Zeiten im privilegierten Westen Hochkonjunktur: die *Bulimie*. Diese Krankheit kann lediglich in Gegenden zuschlagen, in denen Überfluss herrscht, da es zum Krankheitsbild gehört, Unmengen von Nahrungsmitteln herunterzuschlingen. Eine Bekannte, die jahrelang gegen diese Essstörung ankämpfte, sagte mir einmal: »Ich habe in ständiger Angst davor gelebt, mich plötzlich leer zu fühlen.« Wie kann man in einem Land, in dem es an Nahrung nicht mangelt, von solchen Ängsten befallen werden? Indem man das Gefühl geistlicher Leere mit körperlich empfundenem Hunger verwechselt. Bulimie wird meistens als Krankheit bezeichnet, und zu Recht – Bulimie ist Sünde, und Sünde ist Krankheit der Seele.

Bulimie ist genau wie jede andere Sünde ein Versuch, Zufriedenheit getrennt von Gott zu erlangen. Sünden wie diese produzieren vielleicht ein anfängliches Hochgefühl scheinbarer Befriedigung und ermöglichen eine kurzzeitige Flucht vor Stress, Unzufriedenheit und Lebensängsten, aber dieses Hochgefühl ist nur von kurzer Dauer. Die Realität der Leere lauert bereits hinter der nächsten Ecke, um mit raumübergreifender Macht einzubrechen. Das ist der Moment, vor dem sich meine Bekannte so fürchtet. Verzweifelt versucht sie, der in ihrem Leben um sich greifenden Leere zu entfliehen, doch ihr Bemühen ist vergeblich. Flucht ist nicht die Methode, die ihr wirklich hilft. Was sie und wir alle in Wahrheit brauchen, ist etwas, das den Hunger unserer Seele stillen kann.

Christus ist die Antwort, das wissen wir genau, die wir Christen sind. Doch wir täuschen uns, wenn wir glauben, dass Phänomene wie Essstörungen oder ähnliche Sünden ihr Unwesen nur außerhalb der Gemeinden treiben. Auch in den Gemeinden greifen sie um sich. Das rührt zum Teil daher, dass wir zwar auf Christus schauen, dies allerdings mit einer falschen Vorstellung von Erfüllung verknüpfen. Diesen Fehler beging auch die hungrige Menschenmenge, die Jesus mit fünf Broten und zwei Fischen versorgte. Nachdem sich die 5000 satt gegessen hatten, wollten sie Jesus nachfolgen. Aber zu einigen von ihnen sagte er: *»Wahrlich, wahrlich, ich sage euch: ›Ihr sucht mich, nicht weil ihr Zeichen gesehen, sondern weil ihr von den Broten gegessen habt und gesättigt worden seid‹«* (Joh 6,26). Wenn wir Jesus nur deshalb nachfolgen, weil wir im Hier und Jetzt etwas von ihm bekommen können, dann werden wir uns niemals richtig satt fühlen.

Wer also ist Jesus für uns? Er sprach zu der Menge: *»Wirket nicht für die Speise, die vergeht, sondern für die Speise, die da bleibt ins ewige Leben, die der Sohn des Menschen euch* *geben wird!«* Sie verstanden aber nicht, was er ihnen damit sagen wollte, genauso wenig, wie wir es manchmal tun. Sie fragten: *»Was sollen wir tun, damit wir die Werke Gottes wirken?« Jesus antwortete: »Dies ist das Werk Gottes, dass ihr an den glaubt, den er gesandt hat«* (Joh 6,27-29).

Nur zu glauben – das erscheint uns zu simpel, zu leicht. Das kann doch nicht die ganze Wahrheit sein. Es stimmt, dass Glauben simpel ist – aber leicht ist es nicht. In Wirklichkeit ist es eines der schwierigsten Unterfangen, auf die wir uns einlassen können. Der Glaube an Jesus ist harte Arbeit, weil – und das klingt sehr widersinnig – wir eher Dinge vorziehen, die etwas komplizierter sind. Wenn nur zu glauben alles ist, was wir tun müssen, haben wir nicht das Gefühl, wirklich etwas erreicht zu haben. Wie können wir uns dabei gut fühlen? Wir können es eben nicht. Wer Jesus nachfolgt, verzichtet auf Erfüllung, die aus unseren eigenen Errungenschaften oder aus den Dingen in unserem Leben stammt, auf die unsere Wünsche gerichtet sind. Das ist wahrer Glaube. Diese Tatsache schmeckt uns gar nicht, ebenso wenig wie sie der Menschenmenge schmeckte, die Jesus zuhörte. Aus diesem Grund fügte er die folgenden Worte noch hinzu: *»Ich bin das Brot des Lebens: Wer zu mir kommt, wird nicht hungern, und wer an mich glaubt, wird nie mehr dürsten. Aber ich habe euch gesagt, dass ihr mich auch gesehen habt und nicht glaubt«* (Joh 6,35-36).

Glauben ist die einfachste Sache der Welt – und auch die schwierigste. Denn es erfordert das Loslassen des Glaubens an uns selbst. Solange dieser Prozess noch nicht begonnen hat, werden wir unser Hungergefühl nicht los. Wenn wir Jesus erlauben, das Brot unseres Lebens zu sein, wird unser tiefster und stärkster Hunger endgültig verschwinden. Sobald wir beginnen, uns von diesem Brot zu ernähren, werden wir erfahren, dass die Sehnsüchte nach den schönen und angenehmen Dingen dieses Lebens zwar noch vorhanden sind, aber nicht mehr unsere Herzen regieren.

»Der Satte tritt Honig mit Füßen,
aber dem Hungrigen ist alles Bittere süß.«
Sprüche 27,7

Schwitzen und Sitzen

»Marta aber war sehr beschäftigt mit vielen Dingen.«
Lukas 10,40

B*urnout* bei Christen ist heutzutage in aller Munde, aber es ist kein neues Thema. Schon seit Martas Zeiten brannten Christen aus. Wir dienen aus ganz unterschiedlichen Beweggründen. In erster Linie wollen wir sicherlich gerne dem Herrn dienen. Wir dienen aber auch, um uns gebraucht zu fühlen und unserem Leben einen Sinn zu geben. Und manchmal dienen wir einfach, weil die Bibel uns dazu auffordert und man es deshalb auch tun sollte.

Marta übertraf sich selbst, wenn sie diente. Und wer hätte nicht alles gegeben, wenn Jesus zur Haustür hereingekommen wäre? Ihr weibliches Herz schlug höher, als sie sich um seine menschlichen Bedürfnisse kümmern durfte – eine warme Mahlzeit, ein bequemes Plätzchen zum Sitzen, vielleicht noch ein paar Blumen auf dem Tisch, um den Raum anheimelnder zu machen. Viele von uns verfahren ähnlich, wenn sie ihr Zuhause für Gäste öffnen. Andere wiederum sind schnell dabei, wenn es um den Dienst in Gemeindeausschüssen oder in der Kinderarbeit geht. Doch zuweilen werden wir mitten in unserem Dienst von Überforderungsgefühlen und Frustration erdrückt – eine natürliche Reaktion auf zusätzliche Aufgaben, die wir auf unseren ohnehin schon stressigen Alltag draufpacken und zuweilen auch aus falschen Motiven heraus übernehmen.

Wenn wir uns in unserem Dienst für den Herrn ausgelaugt und frustriert fühlen, könnte es daran liegen, dass Gott uns etwas beizubringen versucht, genau wie es seinerzeit Marta erging. Während sie herumflitzte, um das Essen auf den Tisch zu bringen und dafür zu sorgen, dass alles in Ordnung und in der Reihe war, fiel ihr Blick auf ihre Schwester Maria, die vor Jesus auf dem Boden saß und ihm einfach nur zuhörte. Marta war alles andere als begeistert und machte ihrer Verärgerung Luft: *»Herr, kümmert es dich nicht, dass meine Schwester mich allein gelassen hat zu dienen? Sage ihr doch, dass sie mir helfe!«* (Lk 10,40). Die Antwort Jesu, die nun folgte, galt jedoch nicht Maria. Die Ermahnung ging an Martas Adresse: *»Marta, Marta! Du bist besorgt und beunruhigt um viele Dinge; eins aber ist nötig. Maria aber hat das gute Teil erwählt, das nicht von ihr genommen werden wird«* (Lk 10,41-42).

Hier wird deutlich, dass Jesus viel mehr daran liegt, dass wir unsere Beziehung zu ihm pflegen, als dass wir für ihn arbeiten. Er selbst ist nicht wirklich auf uns angewiesen, aber er weiß, wie hoffnungslos wir auf ihn angewiesen sind. Deshalb geht es im Leben als Christ nicht in erster Linie ums Dienen. Das Leben eines Christen besteht aus Christus. Es ist eine Beziehung. Der Dienst gehört zwar zur Nachfolge Jesu dazu, aber Dienen ohne Raum für Beziehung ist schlicht und ergreifend Dienen als Selbstzweck, das zu Frustration und schließlich in den Burnout führt.

Wenn wir im Dienst für den Herrn ausbrennen, dann wäre es doch möglich, dass wir den Sitzplatz zu Jesu Füßen verlassen haben, oder? Manchmal dienen wir sogar, um diesen Platz der stillen Vertrautheit und Verbundenheit zu meiden. Aus irgendeinem Grund wollen wir nicht, dass Jesus uns allein antrifft. Möglicherweise hängen wir noch an einer Sünde fest, die wir noch nicht so recht loslassen wollen, oder etwas, das nicht direkt als Sünde zu bezeichnen wäre, aber doch unser Gewissen belastet. Oftmals ist man in solchen Zeiten besonders schnell bereit, Dienste in der Gemeinde zu übernehmen, denn ein Dienst für etwas oder jemanden kann ein willkommener Schleichweg sein, um eine wirkliche, vertraute Begegnung Auge in Auge zu vermeiden. Auch wenn uns kein konkreter Grund bewusst ist, warum wir Jesus aus dem Weg gehen, so ist unsere gefallene Natur imstande, alle möglichen Ausflüchte zu erfinden, um ja nicht in seine Nähe gelangen zu müssen. Soweit wir wissen, war Martas Motivation zu dienen nicht solchen Ursprungs, jedoch verpasste sie an diesem Tag etwas, was Maria für sich gewann.

Burnout ist kein Signal an uns, dass wir uns noch mehr anstrengen, noch mehr arbeiten oder unsere Terminplanung optimieren sollten. Es ist ein Signal, das uns ermahnt, in unserer Arbeit innezuhalten und die stille Begegnung mit Gott zu suchen. Nicht später, wenn dieses Projekt abgeschlossen ist, wenn diese Klausurtagung vorbei ist oder wenn das Semester zu Ende ist. Wenn wir das *»gute Teil«* genießen wollen, das Maria genoss, dann sollten wir es jetzt tun.

Leben, Freiheit und das Streben nach Glück

»Die Gottseligkeit mit Genügsamkeit aber ist ein großer Gewinn; denn wir haben nichts in die Welt hereingebracht, sodass wir auch nichts hinausbringen können. Wenn wir aber Nahrung und Kleidung haben, so wollen wir uns daran genügen lassen.«
1. Timotheus 6,6-8

Hier im 1. Timotheusbrief präsentiert uns die Bibel die Formel der Zufriedenheit, also die Formel für etwas, das wir alle anstreben und wonach wir suchen. Unsere Sehnsucht nach Glück bestimmt unsere Entscheidungen, die wir treffen; sie bestimmt, wohin wir gehen und mit wem. Sie bestimmt, womit wir unseren Lebensunterhalt verdienen und wen wir heiraten. Unser Streben nach Glück ist auch dafür verantwortlich, dass wir ein Buch wie dieses zur Hand nehmen. Allerdings geben wir das nur ungern zu. Der Gebrauch des Wortes *Genügsamkeit* erscheint uns sicher und liegt irgendwie eher im Bereich des Möglichen. *Genügsamkeit* klingt geistlicher als *Glück*. Aber welches Wort wir nun auch immer dafür verwenden mögen, wir suchen alle ein und dasselbe. Wir sollten nicht versuchen, uns darüber hinwegzutäuschen.

Die Assoziation, die der Ausdruck *Glück* bei uns auslöst, ist die Verbindung mit etwas, das wir uns selbst erarbeitet haben, wohingegen das Wort *Genügsamkeit* oder *Zufriedenheit* eher nach hart erarbeiteter Fähigkeit zum Verzicht klingt. Doch beide Definitionen sind aus Sicht der Bibel nicht korrekt; die Bibel gebraucht Glück und Zufriedenheit als Synonyme. Die Bibel verbindet weder einen der Begriffe mit irgendwelchen Errungenschaften, noch meint sie damit eine Art von Stärke, die ein Christ für den Leidensweg benötigt, auf dem er zähneknirschend wandelt. Die Gottseligkeit mit Genügsamkeit ist ein großer Gewinn, weil Gottseligkeit auch Heiligkeit beinhaltet und Heiligkeit und Glück einander bedingen. Um das ganze auf eine simple Gleichung zu reduzieren: Glück und Heiligkeit entsprechen einander. Wir wurden zur Gottseligkeit und zur Heiligkeit geschaffen, und wenn wir gläubig sind, sind wir auch dazu berufen. Wir werden umgestaltet in das Ebenbild Christi, der selbst die vollkommene Heiligkeit ist. Je ähnlicher wir also Jesus werden, desto mehr wachsen wir auch in der Heiligung, und das ist es, was uns immer glücklicher macht.

Elyse Fitzpatrick äußerst sich in einem ihrer Bücher folgendermaßen über die Puritaner:

> »Ich war überrascht, als ich über das Thema *Glück* aus der Feder dieser Männer las, die die Welt als mürrische, finstere Miesmacher hinstellt. Thomas Watson schrieb beispielsweise: ›Gott hat eines im Sinn für unser Leben: unser Glück‹; und: ›Wer sollte überschäumen vor Glück, wenn nicht die Kinder Gottes?‹ … Die Puritaner waren nicht auf oberflächliches Glück

aus, das ihnen vorübergehende Freuden bereiten konnte. Sie wussten von dem Geheimnis, dass tiefes, wahres Glück nur in der engen Verbindung mit Gott zu finden und es nur für diejenigen zugänglich ist, die nach Heiligung trachten. ›Diejenigen, die danach streben, glücklich zu sein‹, schrieb Richard Sibbes, ›müssen zunächst danach streben, heilig zu sein.‹ Wohlgemerkt sagte er nicht: ›Strebe nicht nach Glück‹, sondern: ›Suche dein Glück dort, wo es wirklich zu finden ist – in der Heiligung.‹«[5]

Der »große Gewinn«, von dem Paulus hier spricht, ist die befreiende Erkenntnis, dass das Leben nicht daraus besteht, so viel wie möglich aus ihm herauszuschlagen. Wir haben nichts mit ins Leben hineingebracht, und wir werden es auch mit leeren Händen verlassen, und alles, was wir in der Zwischenzeit besitzen, ist vorübergehend und vergänglich. Würden wir unser Leben mehr von diesem Standpunkt aus betrachten, vergrößerte sich unsere Fähigkeit erheblich, echte und tiefe Freude zu empfinden. Zufriedenheit wäre plötzlich weitaus mehr als eine gelegentlich aufkommende Laune, sie wäre das Markenzeichen unseres ganzen Lebens. Die Perspektive, die Paulus hier einnimmt, ist gekennzeichnet von einem Blick für den Ewigkeitswert der Dinge. Er hatte ein breitangelegtes Verständnis hinsichtlich der Prioritäten des irdischen Daseins und wusste daher, dass alles, was uns hier begegnet, im Blick auf die Ewigkeit einen Sinn ergibt – eine Zeit, die uns noch so weit entfernt scheint, die uns jedoch bereits näher ist als wir meinen. »Das Leben ist kurz«, hören wir ältere Menschen sagen, aber sie haben schon genug vom Leben hinter sich, um zu wissen, wovon sie sprechen. *»So lehre uns denn zählen unsere Tage, damit wir ein weises Herz erlangen!«* (Ps 90,12).

Mit Hilfe dieser Sicht der Dinge konnte Paulus trotz Nahrungs- und Kleidungsknappheit davon sprechen, volles Genüge zu haben, und deshalb konnte er auch mit Fug und Recht behaupten, dass tiefe Zufriedenheit jedem Gläubigen zuteil werden kann. Echte Freude entspringt einer Lebenshaltung, mit der wir dem Ort entgegenrennen, an den uns Gott einmal bringen wird. Ich meine damit nicht die oberflächliche Freude, die uns gelegentlich mal überkommt, wenn wir einen guten Tag haben, sondern die Art von Freude, die uns morgens aus dem Bett springen und darüber jubeln lässt, dass wir leben. Der wahre Grund unseres Unglücklichseins liegt in der traurigen Wahrheit, dass wir woanders hinrennen. Wenn wir doch wenigstens in die richtige Richtung rennen würden – auf Christus und auf seinen Plan zu, immer in Richtung des Reiches Gottes –, würden wir das Glück finden, nach dem wir ohne Unterlass streben, denn nur dort können wir es finden.

»Wen habe ich im Himmel? Und außer dir habe ich an nichts Gefallen auf der Erde. Mag auch mein Leib und mein Herz vergehen – meines Herzens Fels und mein Teil ist Gott auf ewig.«
Psalm 73,25-26

Anmerkungen

1. David Powlison: Dynamics of Biblical Change (Glenside, PA: WTS and CCEF, 1995), 49.
2. Der Text von John Piper wurde dessen Webseite www.desiringgod.org entnommen (Hervorhebungen wie im Original).
3. Elisabeth Elliot: *Discipline: The Glad Surrender* (Grand Rapids, MI: Revell, 1982), 74.
4. James Boice, *Psalms 1-41* (Grand Rapids, MI: Baker, 1994), 1:243.
5. Elyse Fitzpatrick, *Idols of the Heart: Learning to Long for Got Alone* (Phillipsburg, NJ: P&R, 2001), 84.

Buchempfehlung

Tägliche Gnade
Andachten für Frauen
Geb., 384 Seiten

Best.-Nr. 273.682
€ (D) 17,90
€ (A) 18,40
SFR 27,70
ISBN 978-3-89436-682-7

Wie unser Körper täglich Nahrung braucht, so lebt auch unsere Seele jeden Tag von der Gnade Gottes. Dieses Andachtsbuch für Frauen enthält Texte von bekannten und neuen Autoren, die in einer hektischen Zeit trösten, stärken und ermutigen wollen. Mit Texten von Jill Briscoe, John Bunyan, Evely Christenson, John MacArthur, Kathy Collard Miller, Cheryl Smith, Charles Spurgeon, John Wesley u.a.

Christliche Verlagsgesellschaft mbH
Kompetent. Profiliert. Engagiert.

Buchempfehlung

Nancy Leigh DeMoss
Hingabe – regiert von Gott
Pb., 160 Seiten
Best.-Nr. 273.650
€ (D) 10,90; € (A) 11, 20; SFR 17,40
ISBN 978-3-89436-650-6

Nancy Leigh DeMoss
Heiligung – gereinigt von Gott
Pb., 176 Seiten
Best.-Nr. 273.651
€ (D) 11,90; € (A) 12, 20; SFR 19,00
ISBN 978-3-89436-651-3

Nancy Leigh DeMoss
Zerbruch – neu belebt von Gott
Pb., 160 Seiten
Best.-Nr. 273.652
€ (D) 10,90; € (A) 11, 20; SFR 17,40
ISBN 978-3-89436-652-0

Christliche Verlagsgesellschaft mbH
Kompetent. Profiliert. Engagiert.